東大卒 プロゲーマー

只有勝利才是我的存在意義！

東大畢業世界電競冠軍
TOKIDO
從電玩學會的人生成功之道

Tokido——著 許嘉祥——譯

給台灣讀者的序

格遊是個美妙的世界

Tokido

台灣的朋友你們好，我是職業電競選手 Tokido。

台灣每年都會舉辦「TWFighter Major」格鬥遊戲（一般簡稱「格遊」）大賽，包括觀眾在內，約有一千人的規模，我每年都會應邀來參加這個盛會。印象中，台灣的朋友熱情又有禮貌，能參加這麼了不起的交流大會，我心裡很感動。非常感謝好友向玉麟的努力奔走，我才有這樣的機會。

台灣和日本距離很近，又有很多好吃的美食，所以我一直很想把中文學好。有十三年沒有買過學習書籍的我還特地跑去買書來看，只不過中文太難學了，我進步得很慢（尤其是發音和聽力）。

《只有勝利，才是我的存在意義！》這本書裡所寫的，都是我在格遊世界裡所學到無可取代的寶貴經驗，因為有這些經驗，才能成就現在的我。由於日文版是在前幾年出版的，所以裡面寫的一些事情現在回過頭看，會覺得有點不好意思，但也覺得當時的我真是初生之犢不畏虎啊，很期待台灣的朋友能投以愛護的心情來閱讀。

經過了幾年，我的想法變得更加成熟，也更加確定格鬥遊戲真的是很好的運動。近幾年，電玩廠商推出的遊戲大多是以純玩樂為主，但是我想，只要玩家用對方法練習，一樣會對人格的成長有所幫助。

格鬥遊戲因為要對戰，所以一定要有練習的對象才行。但是如果自己對格遊不夠投入、意興闌珊，對手一定會感覺得到這股氣氛而調頭離去。

這本書裡我提到，在格遊的世界裡，好人才能出頭天。那些長壽型的頂尖高手都是希望自己和對戰的對手能夠一起成長的玩家。就算比賽迫在眉睫、很想拿冠軍，但是為了彼此的成長，還是很努力地和對方練習，長遠來看，這樣的玩家才能成為屹立不搖的勝利者。格遊就是這麼美妙的世界，我是這麼認為的。

托大家的福，現在在日本，電玩在電視新聞媒體上面曝光的機會大幅增加，還成立了發行職業電競選手執照的協會。台灣的格鬥遊戲規模或許還沒有那麼龐大，但是這幾年來在國際上表現相當優秀的台灣選手不斷增加，日本選手當然也不能被比下去囉。

雖然在賽場上彼此是對手，但大家都很努力的想讓全世界看到，我們是抱著認真的心態在打格鬥遊戲的。從這個立場來看的話，我們又是互相合作的盟友。我很希望和台灣的電玩選手們一直保持切磋琢磨的關係。

最後我想說的是，若是能透過這本書引起大家對格鬥遊戲世界的熱情和興趣，將是身為本書作者的我最開心的事了。希望今後大家繼續給予支持和指教。

推薦文

體驗人生最美好事，就是從事自己的天職

向玉麟 GamerBee（台灣第一位格鬥遊戲職業電競選手）

職業電競選手是現今年輕人眼中的夢幻職業之一，但是能夠以電競選手為職業的人，機率卻是微乎其微的低。以我個人為例，我從小學二年級開始接觸格鬥遊戲，直到三十二歲才成為台灣第一位格鬥遊戲職業電競選手。

我也曾經跟許多人一樣，夢想著在人生職涯能夠做著自己最拿手也最喜愛的專長，不僅賴以維生更能實現夢想。但作夢的同時，隨著歲月的逝去漸漸放棄希望，我甚至已經打算只將格鬥遊戲當做一生的興趣，每天在飯店業裡庸庸碌碌地工作，換取心靈和生活的安定。

結果三十二歲時的我卻像中了樂透，成了名符其實的全職格鬥遊戲職業選手，每年飛去十幾個國家參加比賽和活動，體驗人生最美好的事情之一——「從事自己的天職」，還結識了世界各地的頂尖玩家，當然也包含本書作者 Tokido。

我認識的 Tokido 是個直率開朗的好青年，不論是為人或是在遊戲裡對戰，都有一種誠實又單純的純粹感。為什麼這麼說呢？因為我們同樣身處在勝者為王的圈子裡，每個人的個性、成長背景、信念都不同，絕大多數的人追求勝利難免會有一點黑暗的心態在內，比方說隱藏自己的訓練方式或賽前刻意避開某些對手不跟他們練習，但 Tokido 卻是明亮又單純的特例（笑），他總是很大方地和大家分享並討論他的知識，甚至在賽前互相練習切磋。

Tokido 爽朗的格鬥遊戲玩家性格背後，是一個誠實面對自己的故事。表面上一帆風順的人生，終究會遇到抉擇和挑戰。經由閱讀本書，相信大家就能夠清楚理解，想要成為一個世界級的選手，所謂的天分和環境是一開始就存在、是我們無法掌控的，唯有磨練和經歷才是切切實實的，透過難能可貴的成功、無數次失敗和領悟，牢牢地刻在我們的腦海中、記憶裡。所以必須不斷挖掘自己的內心深處，尋找自己才有的珍貴特質，重新認識自己之後加以發揮，迎接而來的就會是另一個更廣闊的領域。

我跟 Tokido 一樣常常被問到：「你的家人支持你從事這個行業嗎？」我想每

一個人在人生中都必須時時檢視自己，不論電子競技的美夢看起來多麼華麗夢幻，但它終究是競技，一對一的賽場上其實是無比的殘酷現實。只是抱著「因為我沒有其他的專長，但是電動打得還不錯」這樣的心態，而想藉由虛幻的電競夢來麻醉自己，終究是騙得了別人騙不了自己，仍舊必須為自己的人生負責。

像我們這樣伴隨著格鬥遊戲長大的玩家，就算說格鬥遊戲是我們這輩子交往最長久的對象也不為過，我們投注的所有意念、汗水，最終都藉由無數場的對戰、勝利與敗北而昇華，教會我們許許多多其他人事物無法領略的道理。凝聚了Tokido對於格鬥遊戲熱情的這本著作，希望能讓大家稍微理解，當格鬥遊戲就代表我們的人生的時候，其背後的意義早已超出了電玩遊戲的框架。

推薦文

自信的選擇

林崇傑（日本東京大學工學博士、台北市政府產業發展局局長）

《只有勝利，才是我的存在意義！》是一本環繞著對電競電玩投入熱情與爭戰鬥勝之心的著作。作為日本最高學府東大畢業的職業電競選手，作者Tokido始終懷著一股旺盛的驕傲自覺與追求勝利的競爭之心，本書清楚地描述了他異於尋常人們對東大生的期待，尤其在日本強調規矩、從眾與重視出身文憑的文化裡，他的選擇自然挑戰著日本主流社會的認知。

在日本社會裡，作為一個象徵充滿未來前景的東大生且擁有國際論文發表的研究經驗，卻選擇放棄了社會對東大生習以為常的期待，這是對社會的第一重世俗挑戰；而以傳統上認為高學位不應選擇的電競選手作為職業，面對位階分明的日本社會結構則是第二重的社會挑戰；在全球競爭年輕世代不斷投入的電競世界中，要維持常勝的戰果，更是其經年不斷面對的第三重自我挑戰。唯其不易與異於尋常，Tokido 筆下的自我看得出洋溢的自信驕傲。

同樣重視文憑、關注升學的台灣社會，電競電玩一樣常常被認為妨礙學業、影響年輕人學習，甚至造成誤交損友的旁騖。即使二〇一七年底立法院三讀通過運動產業發展條例，將電競正式納入運動產業的一環，我們的運動主管機關仍然有著各種不同的理由，不願面對法令的存在而持續推遲排拒。這不是因為我們的官員膽敢違背法令，而是我們的社會包括許多家長團體、教育組織仍然反對與擔心學生沉迷於電競電玩。更直接地講，這是整個社會的氛圍仍有一種視電競電玩為不當嗜好與恐懼成癮的憂慮。

這其實是一個舊時代面對新社會的疑懼，我不想從電競電玩的產業價值來討論，而更願意用一個對未知世界的探索態度來對待。對於架構在網路時代的電競電玩可能的發展與衍生，說實在的，我覺得現在呈現的形式與現象不過是一個剛開始的起步。在AI、大數據、雲端計算、移動互聯網等科技的不斷演進、互動增生的過程中，我們知道一個新的時代正在開啟醞釀之中。而作為正逢其時的一種當代產業衍生，我們真的難以預料它可能的發展、變化及其可能的變異。

如果從這樣的角度來看我們所身處的時代，Tokido 這本書中所描寫非常個人化的心路歷程，及其面對既有文化認知的挑戰，正可以作為當代時空座標下的參考，看看當前二十、三十世代成長的焦慮與執著。書中所呈現的熱情與奮鬥之心如此昭然若揭，而其非常個人的英雄主義在這樣的社會脈絡下也就如此清晰自然。

如果你是一個喜歡電競電玩的人，本書呈現了一個電競英雄崛起的努力。如果你想了解三十世代以下年輕人思維前緣的一隅，本書亦不失為切入的一扇窗口。就把這本近乎自傳的書寫當成探知這個時代新種族的一種文本吧！

推薦文

重新認識電競這個新世界

徐薇（英文名師）

講到打電動，很多爸媽總會大搖其頭，覺得孩子整天沉迷，未來該怎麼辦？曾經，我也是這樣的父母。

就和一般孩子一樣，我的孩子江大成從小就愛打電動，而我和先生當時又忙於補教事業，沒有太多時間監督他，所以會請家教盯功課，只有週末才讓他玩；雖然也有偷玩被我們抓包的時候，但我一直告訴他一個基本原則：「把該做的事都做好了，就可以去做想做的事。」

大成很清楚媽媽的堅持，所以他也認真地將學校功課維持得很好，一路從師大附中考上台大經濟系，雖然我們都期望他能往金融圈發展，但後來發現，其實他一直悄悄地在為自己的「電競人生」鋪路。

大二升大三那年，他看到推出《英雄聯盟》的美國遊戲大廠 Riot Games 在募集實習生，於是自己著手錄製英文的自我推薦影片，並且自己剪輯和後製，還跟我們分享 Riot Games 的官網資訊，我們才發現它是一間非常正式的大公司，匯集了來自全球各地的人才。其間，大成還邀請我們到首爾參觀《英雄聯盟》世界大賽的實況錄影，也讓我對「遊戲產業＝不務正業」的想法開始改觀。

之後，大成加入台大電競隊，帶著我和先生參加在台北花博館舉辦的電競賽，當時全場的觀眾都聚精會神地盯著大螢幕看。當我們看到大成專注比賽的神情，你可以感受到那不只是單純打 game，而是有策略、有團隊默契的智力和技術考驗，也慢慢可以理解電競這個行業的魅力所在。

為更進一步投入電競世界，大成在大四時跑去應徵 YAHOO! 奇摩電競部門的工作，開始擔任內容生產師，從節目企畫、寫腳本到執行、主持一手包辦。大學畢業後，自己又安排跑到北京和上海參加《英雄聯盟》世界大賽，退伍之後就到北京就任中國數碼文化集團董事長特助，和電競的連結也更深了。

看著大成一路從玩家、當實況主到真正投入電競產業工作，他用他的方式告訴我們，「電競」不單只是玩 game 而已，它也是一條很有前景的路；也因為孩子帶著我認識電競世界的過程，讓我初看到這本書的書名時，嘴角便不自覺上揚。

作者 Tokido 是對電競痴狂的東大高材生，他用打 game 累積的技術和理論，轉化為考上日本第一學府——東大的動力，還一路成為世界級的電競選手和受人矚目的焦點。相信愛玩電動的孩子以及家有愛打電動孩子的爸媽們，都能透過《只有勝利，才是我的存在意義！》這本書重新認識「電競」這個很不一樣的新世界。

推薦文

電競，永不言退的精神

張雅惠（104公共事務部資深經理）

「不可能！哪有這麼多人在玩電競？」「你們做電競題目要小心啊，他可能有道德上的風險。」面對外部長輩的警告，我們仍想一窺究竟，104《電競不一樣》專題歷時五個月，我們和電競選手、電競產業共感「永不言退」！

二〇一七年八月底，有感於電競產業利多紛至，我們好奇究竟是消息面炒作？還是市場力量已真實拉動產業需求？

透過104徵才資料庫定義「遊戲電競相關工作」，匯集遊戲電競公司徵才以及其他產業但職缺名稱或工作內容提及遊戲電競相關，截至二〇一七年第三季，遊戲電競相關工作約一萬兩千個，五年來已大幅成長兩倍（一九七%），高於同一期間全體工作數增幅一〇九%。

遊戲電競相關工作集中於網路業、電腦軟體服務、數位內容等三大產業，合占近六成，其職缺集中於電話客服、軟體設計工程師、線上客服、電玩程式設計師、國內業務等五大類。原來，資訊與通信科技（ＩＣＴ）產業因電競找到了新出口，產業鏈已漸趨完整，早已超出傳統的網咖或情色暴力。電競真的不一樣了！

儘管相關職缺大幅成長，我們也關心遊戲電競職人的薪資和升遷究竟如何。在六百六十五萬名１０４求職會員資料庫中篩出符合條件的七千四百九十八人，共計八千一百七十二筆遊戲電競工作經歷，受惠於產業蓬勃發展，遊戲電競職人全體月薪中位數三萬五千元，比圈外高出五千元，多出十七％；最亮眼的是高階主管，月薪八萬七千元，比圈外高出一萬七千元，多出二四％，而且平均年齡三十三歲，比圈外年輕三歲。

可以看出，遊戲電競職人月薪高、年紀輕，除了反映產業崛起，也因新科技整合、社群經營以及數位內容的需求，更能吸引年輕人卡「好」位，這和論資排輩的傳統職場有著顯著差異，年輕人總難在大企業當上高階主管。

１０４《電競不一樣》發表當天，我們特別邀請年輕學子到現場與會，不同學校、不同科系，唯一相同的是對電競的熱情與專注。其中一位政大學生在發表會後私訊我：「有這些數據，就能更安心地去做自己想做的事情。」原來，他長久以來面臨家人的反對，電競，玩玩可以，當職業，萬萬不可！

國內多數電競玩家無法像東大畢業的世界電競冠軍 Tokido 一樣幸運獲得家人支持，就連二〇一二年《英雄聯盟》世界冠軍成員 Lilballz 宋寬柏，也曾經歷被父母斷絕網路的時候。

在這本書中，作者 Tokido 從電玩中悟出了幾件事：廣泛的閱讀資料、用最短時間攻下敵人、不錯過偶然、找出持續下去的熱情以及鍛鍊身體；此外，更學會如何制訂戰略、培養速度感、把握機會並使熱情專注，至此可以理解為何九．七%的國內企業會因求職者平常喜歡打電玩、當過電競選手或待過電競產業，進而增加面試及錄取的機會。

電競，不只是賽局，還是一種追求極致的精神，而 Tokido 的電競賽局，早已展現出職場精髓！本書不只是一位電競選手的奮鬥史，還是一位日本父親無畏傳統、力挺高學歷之子追逐夢想的故事。如果你正面臨人生抉擇，這裡有想望，也有出口。期待台灣有更多的 Tokido，快樂而奔放！

推薦文

電玩是正蓬勃發展的明星產業

賴俊光（YAHOO！奇摩電競頻道總製作）

從小就很羨慕會玩又會念書的人，本書作者Tokido就是這樣的人，東大畢業的他在求學過程中不但功課好，電玩更是打得超棒，還出國比賽拿下世界冠軍。

他的父母對他非常放任，只要成績優秀，就會買新的遊戲給他，其實這也是時下一般父母對小孩的管理方式。不同的是，Tokido就算念書也是為了打電玩，他比任何人都懂得如何利用時間，只要不能打電玩的時間都拿來念書，加上父親的期望，最後他考上了東大。

Tokido除了有打電玩的天分之外，他對電玩更有一股別人無法企及的熱情。他在書中表示自己玩格遊已經長達二十年之久，都還沒有感覺到膩這個字，試問各位，如果一件事要你做二十年，你會不會像他一樣？還是早早就放棄了？

當然，要成就一件偉大的事業除了天分及熱情，努力更是不可或缺。在我們看不到的背後，Tokido 每天不斷地練習，大賽逼近時，還得留下來「加班」。是的，要怎麼收穫就怎麼栽，完全取決於自己願意花多少心力去投入這項目標，而這也是他成為備受格遊界推崇的職業選手的重要關鍵。

最後，想問問讀者有多久沒有好好看完一本書了？這是我拿到這本書的第一個感覺。在現今這個網路時代，似乎愈來愈少人接觸紙本，包括我自己，但在看完這本《只有勝利，才是我的存在意義！》時，讓我重拾了看書的感動。真心推薦本書給所有想要進入電競產業的年輕朋友，以及正努力朝這個方向前進的選手，甚至是已為人父母者，電競絕不是當年那個不務正業的電玩娛樂，而是一個正蓬勃發展的明星產業，透過本書，相信會有不一樣的理解與認識！

目錄

只有勝利，才是我的存在意義！

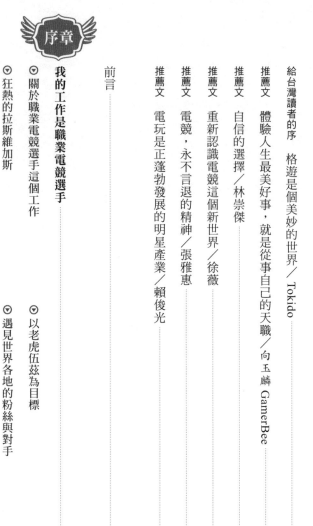

ROUND 1

ROUND 2

前言

「Tokido 很強，但很無趣。」

在世界電玩大賽中，贏得冠軍獎盃次數世界第一的我，其實根本沒有意願理解這句話，也不會因此受到影響。

不過，人生說來很巧妙。到頭來，當我遇到瓶頸的時候，還是不得不承認，所有的問題就出在這句話。

❖

我從東京大學工學系材料工學組畢業，接著進入同一所大學的研究所深造，卻在這條路上經歷九彎八拐，變成一名職業電競選手。

在東大四年級時，我加入研究小組發表的成果論文獲得國際學會的獎勵認可，畢業後的就職活動也輕鬆走到最終面試階段，照理說，人生走得很順遂。

但現在的我，卻是個格鬥電玩遊戲的職業選手。工作內容簡單來說，就是專心去玩世上大部分的父母看到自己孩子沉迷就會皺眉頭的「電玩遊戲」。

既然踏進職業電競選手這個領域，我成了所謂「格遊五神」之一，在世界大賽中贏得冠軍的次數排名第一。我在這領域當然會拿下一些成果，表面看來，這些成果還挺耀眼的。

事實上，如果我想當個大人物，享受平步青雲的人生，以東大出身的資歷來說，一路當上外交官也不是難事。就算有個萬一，走上職業電競選手的路，也至少該寫一本類似《優勝次數世界第一的我必勝祕訣》的書，這是理所當然的。

在這裡，我暫且不提當年成為職業電競選手的曲折路程，留到書中再解釋。先來說說這個過去我一直沒有給個明確答案的問題吧。

「都東大畢業了，為什麼跑去當職業電競選手？」

無論是首度見面的人還是接受媒體訪問，這是一直被提起不下數百次的問題。我將在本書第一次正面回答這個問題，同時也要把我這有點奇異的人生所得到的教訓寫進書中，希望大家一起來思考。

此刻我得先說明一件事，「身為東大畢業的職業電競選手，過程是不是很有趣？」我現在只能回答，絕對沒有大家所想的那麼輕鬆愉快。換個角度說，這條路上充滿泥濘與阻礙，我撐了過來，才成為職業電競選手。

當初念東大時，我曾遭遇過痛徹心扉的失敗經驗，把內心的熱情全部澆熄，那段時間可說是我人生的黑暗期。

因為這些經驗的伴隨成長，我對自己有了更深一層的理解。

結果，過去我深信「只有合理化與效率化才是走向『成功』的捷徑」這個價值觀，都在我面前崩解，也因此讓我選擇了職業電競選手這條路。

在本書中，大家會看到我是個學不乖的傢伙。即使真的成為職業電競選手，我還深信「只有合理化與效率化才是走向『勝利』的捷徑」這樣的價值觀，結果就被現實輕易敲碎了。那次的體驗讓身為職業電競高手的我，不得不從頭檢視自己的對戰態度。

在沒人重視個人出身與學歷的電玩世界裡，為了保住我那冠軍次數世界第一的紀錄，我重新分析出答案。

那就是把曾被我視為最大武器的理論和效率，全部打包起來扔掉。

不管是格遊的愛好者或完全不知道格遊是啥玩意的人們，在人生中免不了會遭遇到讓自己走到極限的撞牆期，大家都會體驗到那些煩惱，這點是共通的。說不定，現在正在閱讀的你剛好是正處於逆境的那個人。

本書寫的雖然是我個人的拙劣經驗談，但讀者們也有可能陷入類似的狀況，自己的武器變成了自己的腳鐐手銬，或者自己擁有的常識與邏輯變成綑綁自己的繩索。假如各位看過這本書能夠因此從束縛中解脫出來，那將會是我最大的榮幸。

二〇一四年七月

職業電競選手　Tokido（谷口一）

序章
我的工作是職業電競選手

有太多人問我：「明明是東大畢業，為什麼去當職業電競選手？」
說真格的，我答不出來。
但經歷過多次的對戰，體驗過所謂慘痛敗北的挫折經驗，
我開始回頭分析自己，思考自己是個什麼樣的人。

關於職業電競選手這個工作

在〈序章〉一開始，我們要先大略了解「職業電競選手」這個工作。假如有一天有個人拿名片給你，並且自稱「我是職業電競選手」，任誰應該都會感到困惑吧。這個很少聽到的名稱，大家聽到的第一時間想必會有相同的疑問。

那是什麼工作？什麼樣的電玩遊戲？是家中小孩很愛打的那種電玩，被拿到成人世界、還被當成一種工作嗎？用來作為日常娛樂的電玩，為什麼有收入呢？再者，收入足夠拿來餬口嗎？

凡是第一次認識我的人，幾乎一定會問：「明明是東大畢業，為什麼去當職業電競選手？」

我的本名叫谷口一（Taniguchi Hajime），中學時期起，就以「Tokido」當做我在電玩世界的稱號。

我打的電玩是對戰型的「格鬥遊戲」（一般簡稱「格遊」）。在這個領域中，最具代表性、大家應該都曾經聽過甚至不少人玩過的是由卡普空（CAPCOM）製作的《快打旋風》系列遊戲。

格鬥遊戲的規則其實很簡單，兩個玩家控制各自的角色，用拳擊或用腳踢，加上連續技①和必殺技等武功招式，誰先耗光對手的體力，誰就贏了。這和《勇者鬥惡龍》或是《魔物獵人》等遊戲不同，是個必須先有對手才能玩的遊戲。

不管是職業還是業餘選手，只要有手指能夠按按鈕，在遊戲中就能以同等的速度、同等的力量施展武功技藝。就算是多麼熟練的選手，也不可能加快施展武功的速度，或是增加拳腳的力道。

換言之，這可以說是非常「公平」的遊戲。正因為每個人玩的時候都能發揮相同的力量，才讓人覺得有趣。而我覺得，格鬥遊戲的魅力就在這裡。

雖說各個角色的武功本身沒有強弱差異，但在現實世界裡，厲害的選手和弱小的選手還是有區別的。

---

① 連續技（Combo）是格鬥遊戲中的術語，指在有限時間內連續發動攻擊、讓對手招架不住的一種技能。

比方說，雙方都用相同的角色來對戰，卻在遊戲中出現了強弱之差，這是因為每一位選手在反射神經、操作技術、為了勝利而想出的戰術、判斷力、忍耐力以及綜合這一切戰鬥力的差異都足以決定勝敗。對我來說，這就是格鬥遊戲的深奧之處，也是最大的魅力所在。

接下來我將會提到，在電玩遊戲中，尤其是《快打旋風》系列，需要技術、智慧、精神這三者達到高度平衡。因為遊戲有深奧的內涵，才會在玩家之間蔚為風潮。對戰型格鬥遊戲的始祖《快打旋風II》，更是跳脫格遊粉絲的框架，一舉熱賣兩百萬套，成為一股社會現象。這個全球賣得最好的格鬥遊戲之王《快打旋風II》，至今仍有許多人感到很懷念。

以老虎伍茲為目標

我出生於一九八五年，從小學一年級就開始玩格鬥遊戲。之後，就像是跟著遊戲這個領域的步調一同成長，我也逐漸長大成人。

十七歲那年，我第一次在世界大賽中贏得優勝，拿下「世界第一」的稱號。

此後，我就積極參與世界各地舉辦的格遊大賽。當我還是菜鳥時，是需要自費出國比賽的，但現在我每次遠征海外賽事，都被稱為「出差」。

成為職業選手是在二〇一〇年十一月，那時我正在東京大學研究所就讀。後來我決定以此為職業，靠著這「一款電玩遊戲」來謀生賺錢。現在的我，平時由一家製造電視遊樂器控制器的美國企業「美加獅」（Mad Catz）提供贊助。

職業選手的收入主要有兩種。第一種是由贊助廠商提供的固定薪水。只要站在玩家的立場，平日參加廠商的宣傳活動，在眾多玩家面前講解廠商的產品並提供意見就行了。具體收入就暫且保密，我只能說待遇不錯，足夠平日生活無虞。

另一種收入是參加比賽所贏得的獎金。只要參與國內外各地的格遊大賽，得到好成績就會拿到獎金。比方說，參加世界最大規模的格鬥遊戲大賽並且拿到冠軍，就能贏得兩百五十萬日圓的優勝獎金和一輛汽車；如果再加上其他大賽中拿到的冠軍，總獎金收入甚至超過一千萬日圓。而我現在，每個月都會常態性地出國遠征。

一聽到「職業電競選手」這個名詞，人們很容易會聯想到躲在房間裡打電玩或是去遊樂場打電玩、甚至有點「宅」的人。這是個似是而非的答案。的確，我們每天都泡在電玩遊戲的世界裡，由於職業選手這個職業在日本非常新穎，很多職業選手其實是在協助電玩業界向上發展，而經常性遠征海外的國家則超過十個。

有些人從來沒聽過格鬥遊戲，比方說我的祖父母，當他們問起我的工作時，我會這樣解釋什麼是「職業電競選手」：「高爾夫球界不是有個老虎伍茲嗎？我就像他那樣，只是規模比較小罷了。」

這是我在煩惱許久之後想出的說明方式，雖說還有很多細節沒有解釋清楚，不過應該能給大家一個粗略的印象吧。

我是自己前往世界各地巡迴參與大賽，主要收入來自贊助廠商發的薪水和賽會所提供的獎金，從這個角度來看，就跟高爾夫球選手一樣。

當然，一如大家所想像的，我們並沒有賺到數十億的財富。不過如果繼續發展下去，還是敵不過老虎伍茲嗎？我想，其實還是有機會成功的。

狂熱的拉斯維加斯

這幾年來，格遊的市場不斷成長，令人刮目相看。

話說從頭，最早開發出格鬥遊戲的是日本企業，所以高手玩家有不少是日本人。以格遊來說，現在日本已經成為「聖地」，人氣暴增，轉眼間就膨脹到全球規模。看著格遊的發展，就可以看出現在正面臨歷史的轉捩點。

近幾年來，媒體經常報導家用遊戲機的銷售狀況不佳，電玩遊樂場收入銳減等新聞，或許大家一時間很難相信，但事實勝於雄辯，看著格遊大賽的進化和變遷，可以證明格遊界正處於充滿熱力的時期。

現在，世界規模最大的格鬥遊戲大賽是在美國拉斯維加斯舉辦的「ＥＶＯ」（Evolution Championship Series），比賽會場設在拉斯維加斯的大飯店和賭場。

由《快打旋風》、《拳皇》等六個知名電玩遊戲區分出各自的比賽區，上千名從世界各地匯聚而來的電玩玩家參賽，經歷整整三天的淘汰賽。此外，賽場上還設置了現場觀賽區，數千名喜歡電玩遊戲的人可聚在一起看比賽。

那樣的狂熱，很像是職業摔角的比賽會場。說個題外話，那些職業摔角和格鬥技的粉絲其實也漸漸開始注意格遊的比賽了。

這幾年來，拜網路發達所賜，還可以用手機或電腦實況觀看電玩大賽。以二○一○年的決賽來說，有三萬人擠進網路觀賽，造成訊號中斷。那場比賽是由充滿明星魅力的格遊玩家「梅原」贏得冠軍，可惜網路斷線，大家沒能一同見證歷史性的一刻。

不過回想起來，三萬名網路觀眾擠爆網路，只能算是小意思。以「EVO二〇一三」來說，網路影片實況播送的收視觀眾突破了十萬人，可見觀眾的成長已經由個位數爆增到十位數等級。

回顧二〇〇二年第一次舉辦EVO大賽時，賽事同樣在美國舉辦，不過是在加州某所大學的體育館內。經過這些年，競賽規模愈來愈大，到了二〇〇五年，終於移師到拉斯維加斯這個象徵奢華的城市舉辦。

遇見世界各地的粉絲與對手

大賽的規模，直接顯示出格遊在該國受歡迎的程度。

EVO就是很好的例子。從參賽玩家和觀眾人數來評量，最大規模的格遊大賽在美國舉辦就是明證。當然，其他國家也緊追在美國之後。

過去，我曾經去過美國、法國、加拿大、巴西、德國、瑞士、瑞典、科威特、新加坡、澳洲、韓國、香港、台灣等國家參賽，其中有些是一輩子都沒機會去的地方，多虧了愛打電玩，我才能前往世界各地。所以，格遊大賽真的令我感到人生很充實。

世界各國舉辦比賽時，可以讓人體會到一些日本本地賽事所沒有的特色。比方說觀眾們「積極又享受當下的態度」，沒有哪個國家能夠贏過美國。

在日本舉辦的格遊大賽，會讓人感覺到「成熟老練」與「禮儀尊重」。說得誇張點，就是觀眾好像把自己當成「來賓」，覺得加油吶喊是別人的事，有點像是局外人在欣賞電玩的趣味那樣。

但是美國粉絲在觀看比賽時，就好像在觀看美式足球、職棒等運動賽事那樣相當積極，比賽不夠精彩時會大聲咆哮，奇蹟大逆轉時則拍手喝采，可以強烈感受到他們「用自己的狂熱來為大賽加溫」。

至於狂熱度高又率真的，我直覺就想到巴西。一如我們的想像，這個森巴國度的粉絲很熱中參與大賽，我們可以親身感受到他們散發的熱情，打從心底尊重各種型態的娛樂。即便我是出差去參加比賽，也能體驗到每個國家不同的國情。

每次看到世界各地的熱情粉絲，我就會不禁確信，只要有這些人，格遊大賽就會持續發展下去。此外，我也察覺到海外玩家紛紛嶄露頭角。最初開發格遊的是日本廠商，有人認定日本人會是第一線的高手玩家，但現在情況不同了，競爭激烈的群雄割據時代已經到來。

為什麼選擇格鬥遊戲？

現在，在格鬥遊戲界能夠稱得上「職業」的人，全世界大約有二十至三十人。若是侷限在日本人且只打這一款遊戲的話，大概只有四人有這樣的實力。之所以用「大約」、「大概」這類不確定的詞，是因為電玩業界並沒有職業級的專門認定機構，對於「職業級」的定義也不明確；換句話說，這個領域還是個開發不完全的叢林世界。

本書暫且把「得到企業贊助、能夠靠打電玩贏得收入」的人稱為職業級。事實上，除了格鬥電玩之外，在其他電玩領域，「職業電競選手」這個職業本身相當受到重視。以韓國為例，職業選手可以得到國家的支援。

比方說有個線上遊戲叫做《英雄聯盟》，這是一款五對五的團體對戰遊戲，玩家人口以全世界來計算超過七千萬人，而其中流動的金額也很可觀。職業玩家設立了正規聯盟，如果團隊贏得冠軍獎盃，獎金高達一百萬美元。

更令人訝異的是，職業選手的社會地位很高，大多數的國民幾乎都聽過選手的名字，選手結婚時還會被媒體當成頭條新聞，而其結婚對象多半是名模或女星。真是個華麗的世界啊。

相較於其他領域的電玩，格遊的規模就小得多了，人們對於「職業選手」的認知也不足。這是事實。不過看看韓國的例子，我之前提到那充滿野心的「以老虎伍茲為目標」，倒也不是多麼遙不可及了。

那麼，為什麼格遊領域的成長那麼慢呢？原因之一是格鬥遊戲是日本發展出的遊戲領域，和其他種類的電玩遊戲相比，海外愛好者的認知比較淡薄。

說到電玩遊戲的魅力，格鬥遊戲非但不輸人，我甚至覺得比其他領域的遊戲有趣得太多了。

至於格鬥遊戲有什麼魅力呢？就以在韓國引發熱潮的《英雄聯盟》來比較，大家就會比較容易了解了。

首先，格鬥遊戲的魅力之一就是個人的單打獨鬥。《英雄聯盟》屬於團體對戰型遊戲，因此入門的門檻比較低，而這也是它吸引人的地方。格鬥遊戲則是一對一的對決。雖說這是個任誰都能參加的競賽世界，但同時也是一個強者為王、弱者淘汰的殘酷世界。正因為如此，每一戰都要全心全力去面對才行。

其次是玩家的活躍期間比較長，這也是格鬥遊戲的魅力。簡單地說，就是選手的職業生涯比較久。

從觀眾群眼中，《英雄聯盟》有個非常好玩的特點，就是玩家隊友的更迭相當頻繁。理由之一是年輕玩家的體能比較好，這是最有利的地方。至於遊戲中的戰略，其實只要隊友們商量好就可以了，在實際比賽中，瞬間的判斷與動作占有較大的比重，如果哪個玩家能夠撐到三十歲，那就稱得上是菁英了。

另一方面，格鬥遊戲可以運用各種武器。有些玩家靠著操作技術熟練來取勝，有些玩家則擅長使用戰術、看透對手。當然，反射神經也是武器之一。只要擅長以上任何一種戰法，就能在比賽中定輸贏。

這裡暫且說一些我個人的感想。擅長「操作技術」的玩家在電玩世界裡通常又被稱為「高手」，是一種擅長各種遊戲的人，他們在格鬥遊戲之外的其他領域也能打到全國等級。對一般人來說難以施展的華麗連續技或是操控難度很高的電玩，對他們完全不構成困擾，總之，就是電玩「高手」，就連我這樣的職業選手都會忍不住發出讚嘆。

然後是「反射神經」，這也是年輕人占有壓倒性優勢的項目。有些玩家的反射神經非常優秀，一旦發揮出來，甚至能使出別人怎麼也學不會的絕招。所以我認為這是非常有利的武器。

再來是「懂得看透對手」，這從字面上就能理解。對手想要做什麼都能及早看穿，然後選定對策去摧毀。這算是很注重勝負的玩家。

最後是「戰法的建構」。第一步是要理解遊戲的系統和各角色的個性，然後策畫攻勢，利用角色的最大限度威力來取勝的類型。這大概是我優於其他玩家的部分吧。

當然，這些要素也會互相影響。有人光是靠自己的個人優勢就能戰勝，但相反的，如果能綜合這些要素，就能發揮出超乎自己預期的能力，擊敗強大的對手。

我想說的是，善用技術就能一決勝負並不受年齡的束縛，只有格鬥遊戲才具有這樣的特色。還有就是活躍期間很長。懂得以上的觀念，就有機會成為大名鼎鼎的明星級玩家了。

誰是No.1？

是的，在格遊的世界裡是有明星存在的。

只有一、兩年風光成績的玩家並不足以被稱為明星。正因為電玩界裡有著能夠長久存在的格鬥遊戲，因此才會鍛鍊出「百戰百勝」的玩家。一般玩家在這個持續冒出強敵的世界裡，是不太可能一直穩坐冠軍寶座的。

有一種玩家能在比賽中連續使用難以置信的高級技術對戰，他的才能引來無數的「信徒」緊盯著他的每一場賽事，不願漏失任何一場，這樣的玩家就是明星級玩家。人們看著他，就像看著一流的運動選手一樣，其中最具代表性的，就是暱稱「梅原」的梅原大吾選手。

二〇一〇年八月，梅原得到金氏世界紀錄認定，成為「全世界贏得獎金期間最長的職業電競玩家」，是活生生的傳奇人物。國外給他取了個綽號「The Beast」（野獸）。而他和我一樣，都是接受廠商「美加獅」的贊助，本書後面會再詳細地介紹他。

梅先生（我對他的尊稱）這樣的明星玩家是存在的，不過在格遊世界裡，並沒有統一的排名制度；換句話說，要是問到「誰是最強的」、「誰最有粉絲吸引力」，恐怕沒人答得出來。

無論是職業或業餘，只要能參與國內外舉辦的電玩大賽，就可以一較高下，成為贏家或輸家。有數萬、數十萬觀眾在線上觀看比賽，誰強誰弱、誰輸誰贏，都會成為眾人討論的焦點。只不過，電玩競賽世界並沒有奧運金牌那種「二〇一三年的王者是〇〇」的絕對性評價。

之前提到的EVO大賽，雖有格遊界奧運的稱號，但還是有很多同類型賽事在各地舉行。加上粉絲各有所好，對各個玩家有不同的評論，所以要說「EVO的冠軍就是No.1」，還想藉此名號在粉絲之間炫耀一輩子，是絕對不可能的。

無論排名還是受歡迎程度，每天都在改變，往後也是同樣的狀況。

所以，除非我持續不斷獲勝，否則遲早有一天會被人們忘記。

我無法稱自己是明星玩家，但我還是有一些值得驕傲的地方啦，那就是贏得冠軍次數是世界第一多。

身為王者，一定要夠強。我拿到世界第一多的冠軍獎盃，也可以因此被稱為世界第一。這是我個人的論點。細節就留到後面章節再說，但是此刻的我決心要盡可能多參加比賽，盡可能多贏得冠軍獎盃，這是我給自己立下的目標。

每天至少練習八小時

國內外的電玩大賽是職業好手們爭取勝利的舞台。在遠征期間，除了正規賽事之外，還要接受眾多媒體的採訪，並且和廠商「美加獅」的人員交流意見。以我來說，大部分的時間都窩在幫我打理經紀約的「網路影」事務所內。我待在辦公室裡做什麼呢？這還用問嗎，當然是練習電玩的戰鬥技能嘍。

每天最少花八個小時打電玩，這是我的日常生活，為了參賽而做準備。說到每天八小時，其實就和一般上班族的上班時間相同。每當大賽逼近時，我還得留下來「加班」，練習時間有時增加到一天十二小時。當然，在外頭移動時就沒辦法練習，但平常無論是上班日或假日，我都盡可能每天拿起電玩控制器，因為我為了想要俐落地掌握連續技，就得天天花八小時練習。

不玩電玩的人可能會替我擔心，覺得我這樣會不會頭殼壞掉。我之所以這麼專心練習技術，目的就只有一個，那就是想要獲勝。在我的觀念裡，想要戰勝其他對手，唯一的辦法就是比任何人花更多時間來練習。

我覺得，在格遊世界中沒有捷徑也沒有魔法，目前的我傾向於用戰略來取勝，所以必須長時間做準備，直到學會為止。

所以說，想要贏就得每天花足夠的時間泡在電玩遊戲裡。如果是小朋友沉迷於打電玩，家長一定會罵：「還不快去做功課！」即使長大成人，大多數人也會把「每天只能玩一小時的電視遊樂器」當成理所當然的常識，不過，那是對於把電玩當興趣的人而言。

而我呢，則把電玩當成全職。若是把「打電玩八小時」這句話轉換成「每天工作八小時」，人們的印象就不一樣了，應該都會認為「其實也沒那麼嚴重嘛」、「很多人都是這樣在上班啊」。

參加大賽前，我會安排不同的特訓行程，不過平常的練習主要分成「訓練模式」和「實戰」這兩種。「訓練模式」就是在設定好的環境中練習連續技，並嘗試重現對戰狀況的個人練習。至於「實戰」則是和格遊夥伴上網對戰，或是一起到練習室對戰，把平常在個人練習時學到的高難度技術拿到實戰中試驗。而我每天就是像這樣不斷地重複練習。

其他方面，就和正常工作差不多了，電玩遊戲這東西也是愈練愈精進。哪些情況下要使出什麼招式才是最佳解決方法，一旦找到答案，就要反覆練習。按鈕時間差只要多出六十分之一秒就失敗的連續技，必須練上幾百回、幾千回，持續練到自己不會發生任何失誤為止。

反覆練習、在實戰中測試、在對戰時突然想到的創新招式，都要在訓練模式中一一驗證……這和一般所謂的PDCA循環②是相同的。

不過在練習時隨意想出來的招式，在比賽的壓力下也是會產生失誤的。就算自己有熟練的技能，還是可能因為對戰選手施加的心理壓力而造成自己「產生失誤」。想要避免這樣的狀況，事前準備非常重要。平時就要預想「要是被對方逼到這樣的絕境時該怎麼辦」，然後反覆模擬實驗，這麼一來，有助於減輕比賽時遭遇的壓力。

有時遠赴海外，會在旅館房間內反省當天大賽的結果，然後展開練習。有時看到住在同一個房間裡的選手在我入睡前練習某個招式，隔天醒來他竟然還在練習同一個招式，真是讓人非常驚訝。但這其實是不靠頭腦、單純想讓雙手記住技法的一種練習，只要時間充足，任何人都能練到相同等級的技能，反覆練習並非一決勝負的關鍵。

對我來說，只有戰略能讓我在格鬥遊戲中取勝。對職業選手而言，反覆練習只能算是讓自己提升水準的階梯，以運動選手做比方，那就像賽前的拉筋熱身。

勝利者永遠被當成標靶

無論是哪個時代，華麗又具有超群破壞力的連續技總是讓格遊粉絲們興奮不已。粉絲看到帥氣的招式，甚至會全場起立拍手。不過在玩家之中，光靠熱情的粉絲是不會贏得勝利。格遊會不斷遇到各種對手，儘管自己花下大量時間去磨練

② PDCA循環（Plan-Do-Check-Act Cycle）是美國管理學家戴明（William Edwards Deming）提出的管理概念，包括「計畫」（Plan）、「執行」（Do）、「查核」（Check）和「行動」（Act）。

技能，但是碰上不同的對手，不見得都能適用。

這時最需要的就是預先研究對戰選手以前的比賽，然後想出對付對手的方法，這就是我最重視的「對策」。

所謂的「戰略」，是為了達成某項目標而構想出來的東西。格遊的目標是「在自身體力耗盡之前先耗光對方的體力」。表面看來很簡單，但在達成目標的過程中，該如何操縱電玩角色、對方操控的角色又會如何反應等，想要贏過對手，其實有很多方案等待抉擇。

對手（人類）和對方操縱的角色以及現場狀況，這些都是事前要分析的狀態，我得為此做好準備，這就叫做「對策」。

對於熟悉格遊的粉絲以及從未看過格遊的讀者們，有件事得讓大家了解，即懂得使出華麗的連續技只能算是初級中的初級。要是觀眾能夠看穿比賽幕後的「鬥智」，那麼觀賞格遊的樂趣將會有飛躍的成長。

所以，接近大賽之日時，我就會展開特別的練習行程。這時已經知道對戰的玩家是誰，也會預測到一旦進入決賽將遇到哪幾位高階玩家，因此要以他們為假想敵來構思對策。具體來說，就是檢視他們過去的對戰影片；有些粉絲會把比賽實況的錄影放上網站，看著紀錄影片，我會比較容易做出確實的作戰計畫。最理想的狀況是能看到我和那位對手過去對戰的影片，那將是很大的幫助。

觀看影片時，我特別注意對手們的「習慣」，當我這樣做的時候，對方就會那樣做。雖然這不是絕對，不過一旦看出對手的習慣，就能加以分析。因為如果可以發現其中的規律性，那麼下次我在對戰時，就能夠先預測對手可能的舉動，把比賽導向對自己有利的態勢。

好玩的是，相較於觀看我戰勝的比賽，我更喜歡觀看我戰敗的比賽影片，因為這樣可以分析出更多真相。我會看對手是怎麼贏的，料想他在下一次的比賽很有可能會再度使用同樣的招式對付我，所以我可以很容易訂定對策。

相反地，如果看到自己最近獲勝的影片，就要理解下次對戰時我可能會因大意而露出破綻。因為對手也會研究上一次的比賽畫面來做準備。當然，他們會用我的弱點來訂定策略。上次敗在我手下的對手，這次會改用什麼方式來擊敗我呢？雖然我也會想對策來因應敵人的對策，但這樣的思考難度更高。

所以說，勝利者是人們最仔細研究的對象，等於完全暴露在大家面前，這就是格遊世界。

對上一屆的冠軍來說，這是個對戰敗者有利的世界。因此在格鬥遊戲的世界裡，沒有永遠不敗的絕對王者。想要持續待在王座上可說是超級艱難，角色的戰技差異將會被人看清，被其他職業高手們摸透，他們會在下次對戰時利用我的破綻來擊敗我。所以，職業選手間的實力其實多在伯仲之間。

儘管如此，還是有些玩家能夠連續多年贏得勝利。假如沒辦法連續獲勝，就算自稱為「職業級」也會缺乏說服力。因此，雖然我有多年的參賽經驗，平日也不敢疏於練習。

打電玩的心情也是用電玩來轉換

終於來到大賽現場，台上的對戰選手目光銳利，場內充滿了詭異的熱氣，好像隨時會把選手的冷靜奪走。

格鬥遊戲是會對人類心理造成直接影響的競技，一旦出現壓力，握著控制器手把的手指就有可能發生失誤。零點幾秒的焦慮，足以讓之前努力練習的成果化為泡影。

當比賽逼近時，我會開始自言自語。

花了最多練習時間的人是我。

思考最深刻的人是我。

能夠編寫勝利方程式，這點沒人能勝過我。

所以我絕對會贏。

格鬥遊戲的事前準備就是一切。事前做好最多準備的人才能贏，從這方面考量，只有我才是勝利者……

我把一切都奉獻給了電玩遊戲。其他玩家也提過，我是那種「捨棄身外之物」的人，而且超過一般人所能想像。這裡所說的身外之物，是指電玩以外的任何事物。

在沒有打電玩的時候，我會花時間去吃飯、去健身房運動一下身體，我的生活大致就是這樣。我喜愛吃甜食，但不喜歡喝酒，最近好像沒有看什麼書，也沒花時間看電影。

就算是去健身房，也是為了「工作＝電玩」而鍛鍊身體。在精神層面上，我相信自己擁有足夠的存糧，可是長時間待在沒有窗戶的房間裡打電玩，體力會漸漸變差，所以我必須去健身房好好鍛鍊。通常，我會早上一起床就去健身房，外商企業的上班族都笑我，真的就像個「精神奕奕的外商企業上班族」。飲食方面我很重視均衡營養，還會喝一些營養補給飲料。在海外遠征時，經歷一整天的對戰，很多玩家都面露疲憊面色，假如想要在一旁用輕鬆的神色發揮最佳技能，就少不了平日的體能鍛鍊。

我每天都過著這樣的生活，卻從來不覺得自己在忍耐些什麼。有人會用「努力型」、「超級努力的傢伙」來形容我，但大部分的人會想到：「愈是努力的人，愈是得要抵抗辛苦、忍耐痛苦。」

其實在我看來，只要有了目標，就算出現一點阻礙或辛苦，我也會輕鬆面對。再怎麼喜歡打電玩，但這樣一天到晚都在打，難道不會膩嗎？有人這樣問過我。答案是no。我只是盡可能去做我能做到的事情罷了。我玩格遊已經長達二十年，還沒有感覺到會膩。

一如先前的敘述，我幾乎整天都在電玩遊戲中度過，曾有人問我如何排遣非練習的時間，我的回答是如果《快打旋風》練到累了，我會改玩《拳皇》來調適心情，僅此而已。當我站在大會的競賽場上，我總會想起，我是不會輸的，因為我是那個比任何人都認真面對格鬥遊戲的人。

明明是東大畢業，為什麼去當職業電競選手？

在格鬥遊戲行家之間，是如何評論職業電競選手「Tokido」呢？

「人稱格遊界超級電腦的東大在學格遊之神。對戰中不講閱歷與情面，唯一需要的是理論。他靠著驚人的聰明頭腦追求徹底的合理性，從他的對戰風格就能理解，不愧是東大出身。」（摘自「格遊玩家wiki」〔格ゲープレイヤーwiki〕）

這段文字應該是我念大學時有人這麼寫的。現在看來，嗯，說不定真是這樣。我是勝利至上主義者，為了勝利而努力，有時比賽結束得太快，讓觀眾們覺得看不過癮，我也不在乎（更正確地說，是我也沒辦法）。因為我是個不懂人情世故的「冰冷」玩家，所以被人取了個綽號叫做「冰原時代」（Ice Age）。

順帶一提，由於我在競賽中會露出殺人魔般的表情，所以被評論為「Tokido with the murder face」。我自己也很認同這個「殺人臉」的綽號，因為當我認真對戰時，真的就自然露出殺人魔的表情，但那不是故意裝出來的。

在格鬥角色的選擇方面，我毫不猶豫地選擇了看起來「最強」的傢伙。有些人會選擇操縱起來很有趣的角色，我也聽過有人批評 Tokido 很無趣，總是挑選最強的角色，儘管如此，我就只想選擇最強的角色，用最短的距離取勝，靠這樣的戰略打倒對手，所謂「勝者為王」，我心裡只想著勝利，所以挑選的角色符合輕鬆好用就夠了。

只要能戰勝就好，打電玩追求合理……我想這是大多數人對「Tokido」的印象，老實說，我自己也覺得的確是這樣沒錯。

……只不過，稍後就要進入故事的本文了，在此，我希望讀者靜下心來，先了解一些基本常識：

東京大學畢業，

進入東大研究所，
讀研究所時輟學，
走上就職的道路，
成為職業電競選手。

這段人生歷程，大概很多人都覺得奇怪吧，「一點也不合理」。其實那個總能做出正確判斷、沉著冷靜的合理主義者，只是Tokido這個玩家的一個面向罷了。

「明明是東大畢業，為什麼去當職業電競選手？」有太多人問過我這個問題。過去的我總覺得不必回答，不，說真格的，是因為我答不出來。這才是實際的狀況。

打電玩打到進入職業級、在大賽中一心追求優勝的我，遇到這個問題時覺得要花很多時間解釋，而且還不見得能找出正確解釋的方法。但經歷過多次的對戰，體驗過所謂慘痛敗北的挫折經驗，我開始回頭分析自己，思考自己是個什麼樣的人。

本書就是在這樣的脈絡下寫成的，希望能為疑問找出合適的解答。

以職業電競選手開拓人生的我靠的不是冷靜與合理，而是讓我渾身發燙的熱情，以及毫無止境的競爭之心。

熱情與競爭心，以前的我從來沒意識到自己有這些特質，在我的內心裡，這兩者都像霞光一樣難以辨別。直到我累積了足夠的經驗並且仔細玩味，我的特質才漸漸顯現出可以辨識的形貌。

我在富足的家庭中成長，自然而然就以東大為目標，走上一條平穩的道路，接受公務員考試的最終面試。這樣的人其實不必冒險，大可以享受既得的利益。

我卻捨棄了一切，成為職業電競選手。

ROUND 1
不懂人情世故卻很會打電玩的日子

我的目標，只有勝利。

一旦陷入「勝利至上」模式，就會無視周遭的氣氛。

贏了之後還要繼續贏，享受那種「爽快」的感覺，

即使觸怒大人對手也不在乎。

夢想讀東大的父親

「我最尊敬的人是父親。」我可以毫不害臊地這樣說。

在我父親的勸說下，我終於從東大順利畢業，當我向他徵詢「正在煩惱要當公務員還是職業選手」時，他毫不猶豫地把我推向職業選手之路。

我最初以念東大為目標，是因為父親的大力勸說。換句話說，東大並不是我自己想出來的人生道路，但是在報考東大之前，我從來沒有感到一絲迷惑，因為我非常愛我的父親，我相信父親推薦的大學絕對不會錯。

曾在大學任職的父親平日工作繁忙，卻經常撥出時間陪伴年幼的我，例如一起玩投球接球的遊戲、一起做功課。父親告訴了我讀書的樂趣，我之所以能一路讀書考上東大，要歸功於父親預先為我打造好了上東大的環境。

我想那是上幼稚園時候的事。我坐在父親駕駛的車子裡，開心地和父親玩起猜謎遊戲。「把數字加起來，最後是多少？三加五加七加……」

和父親在一起的時候就是這樣，無論學習還是遊戲，都是一連串的快樂時光。即使要我考東大，也絲毫沒有強迫感，我從沒聽父親說「上東大才能進一流企業工作，所以要上補習班加強功課」這類的話。

其實，對父親來說，東大是「自己想上卻無法如願考上的大學」。

父親老家非常貧寒，五個兄弟生活在四個榻榻米（約兩坪）大的房子裡。父親年輕時迷上了音樂，曾經夢想成為搖滾音樂人，可是家裡真的沒錢讓他圓夢，於是他選擇一個當時最賺錢的職業——牙科醫師，人生之路就此轉向牙醫。

那時他想：「總之先當個牙醫，等賺夠錢就能玩音樂了。」

但父親真正想上的其實是東大，理由同樣也是上了東大「就能賺大錢」。可是東大的山峰太高，他經過兩年重考生涯，終究流著眼淚放棄東大，轉而就讀有牙醫系的大學。

此後，對東大的憧憬一直留在父親心裡。他每次聊起自己年輕時的事，幾乎都會提到東大。但他沒有逼我去考東大，這位讓我敬愛的父親只是在述說自己的東大夢。

對小孩來說，父親這樣的心理投射自然有強大的影響力。

「東大是很了不起的地方，如果我考上東大，父親一定會以我為榮，高興到無以復加吧？」不知道從什麼時候起，我開始有了這樣的念頭。

在升學的過程中，我一直以東大為唯一目標，完全不去參加其他大學的入學考試，即使第一次落榜成了重考生也沒改變心意，反正我就是要上東大。打從我小時候開始，東大在我眼中自然而然就是絕對的目標。

失敗中開啟的格遊人生

我想，我人生中第一次接觸格鬥電玩遊戲，應該是小學一年級在朋友家裡，那一款電玩遊戲的名稱是《快打旋風II》。

不過我並沒有因此一見鍾情。當時只想到要打倒電腦程式裡敵方的大魔王，和朋友們絞盡腦汁、熱鬧地玩著。我的技術或許比朋友好一些，但也僅止於此。對我來說，最震撼的時刻是剛升上小學三年級的時候。

對戰的對手是住在沖繩的堂哥。好幾年才見一次面的他在《VR快打》這個遊戲中，以衝擊性的手法打敗了我。

「明明都是人在操控，對手的年齡也沒差多少，為什麼我在對戰中完全施展不開來？天底下竟然有這種事……」就在不明就裡的狀況下，我連戰連敗，毫無勝算。

如果是和朋友對打電玩，不管什麼遊戲我都能贏。即使朋友的實力明顯提升，但我只要多打幾次，總能抓住好運、轉敗為勝。然而，我就是贏不了堂哥，別說贏不了，連平手都沾不上邊。

堂哥是我人生第一次遇到「徹頭徹尾」（專打一款電玩）的玩家，而且他也等於教了我「人外有人，天外有天」的道理。他說，有些「格鬥遊戲選手」會推出攻略本來銷售，他們都是在大賽中登場的名人。

「格鬥遊戲的世界裡，有這麼多厲害的傢伙在打滾嗎？」堂哥跟我說的話在我心裡烙上格鬥遊戲選手的形象，難以散去。

但為什麼只不過是電玩遊戲落敗，卻讓我感受到這麼強烈的衝擊？因為當年的我幾乎很少遇到「輸人」的經驗。

聽起來很像是在自吹自擂，但是和同年齡的孩子相比，我在任何方面都能做得很好，而且都能獲勝，像是我長得高大、擅長運動，也很會讀書，在班上就像是領袖等級，自己就是No.1。我的內心浮現了這樣的想法，即使當時我才小學三年級。

那時候的我遇到了完全贏不了的對手。

假使當時我覺得「電玩真無趣，一直打好無聊」，從此與電玩保持距離，那麼將來或許就不會成為職業電競選手了。可是我在承受失敗的衝擊時，卻萌生出不同的想法。

堂哥真的好帥啊。

碰到強大的對手，真是有趣。

下次再遇上，我想要贏過堂哥……

我感到很開心。當時我發現一個事實，世界上的確有不努力就贏不了的對手存在，這讓我的心情十分雀躍。這樣寫好像我是個很跩的臭屁小孩，但那確實是我電玩人生的起點。於是我下定決心，一頭栽進格遊的世界。

當時最熱門的電玩是《勇者鬥惡龍》和《太空戰士》，但我不感興趣。這兩種遊戲是由電玩開發公司技師們編寫的角色扮演遊戲，有一關又一關的劇情要通過，只要通過每一關的考驗，遊戲就結束。「這裡就是終點」，這不是玩家能夠自己決定的。

但是，對戰型遊戲是沒有終點的。對手會愈來愈強，而我也會日益成長。沒有一場比賽可以重演，因此可以一直玩下去。無論何時，都能夠得到樂趣。就算是當時小學男生最迷戀的《七龍珠》③和「迷你四驅」④，我也毫無興趣。

升上小學三年級時，我幾乎已經確定什麼是我人生的娛樂了。從此以後，我只愛打電玩遊戲，而且以加速度的方式沉迷其中，在家裡的時間就是一直打電玩，就連聖誕節禮物和生日禮物，我當然也向父母要求買遊戲。

就算是念書，也是「為了打電玩」。我的父母該說是溺愛還是狡猾，他們倆從來沒有阻止我打電玩，也絕不說「打電玩影響學業」之類的話，他們對我的態度是：「如果你成績優秀，那就買新的遊戲給你。」託父親的福，我從來沒有討厭過讀書。

「願意買電玩遊戲給我，我當然要更加努力囉！」看來，我這孩子的個性好像還滿直率的。

---

③《七龍珠》是日本漫畫家鳥山明的代表作之一，一九八四年開始在漫畫週刊連載，後來陸續發行動畫、電影、遊戲和CD。

④「迷你四驅」是日本田宮模型公司所生產的賽車模型，一九八二年發售，是日本當時最受歡迎的汽車模型。

視力衰退時難免被指責說「（Game Boy）玩太久啦」，這時我就會說「那我改玩紅白機⑤好了」，用這種方式來巧妙地避開指責。

為了電玩而用功念書，這股氣勢貫穿了我的小學時代，從未放棄。不僅如此，小學畢業後我還挑戰中學入學考試，成功考上被譽為名門的麻布中學。那時，我還沒有訂立將來要考東大的目標，心中只有「用功就能買電玩遊戲了」這個念頭，這讓我的成績愈來愈好。

「拉歐」統治下的日子

我再怎麼沉溺於電玩，畢竟還是小學生。一般來說，大多數的小朋友課後會去打棒球或看漫畫，我卻把大部分的時間拿去打電玩。為什麼我會走向排除電玩以外的所有娛樂、變成「專注於電玩」的小學生呢？

之前提過，小學二年級時，我還是個正常的活潑小學生。但現在回想起來，升上三年級之後，我就非常專注於打電玩，「認真的程度和現在的職業選手生活其實差不多」，可見在電玩的層級上已經改變。

這讓我回想起當時發生的一件事。

小學三年級那一年的七月，我們搬家了，雖然還是住在同一個縣，但是得要轉學到另一個小學。轉學到新學校的新班級，帶給我不同於以往的體驗。

在我轉入的班裡有個令人非常頭痛的孩子王；我想每個學校免不了都會有孩子王這樣的人物，就像《哆啦A夢》裡的「胖虎」那樣表現得馬馬虎虎，卻具有很強大且壓倒性的存在感。真要說的話，那樣的人就如同《北斗神拳》的登場人物「拉歐」。

體格壯碩、擅長打架的拉歐以獨一無二之姿凌駕於我們每一位同學之上，在班上橫行霸道，支配著同學。如果有人一不小心惹到他，他就會命令全班同學「今天不准跟那傢伙說話」，所有同學全都遵從他的指示。不管是男生還是女生，尤其是男生，一旦和拉歐看不對眼，就等著被霸凌。

而我也被拉歐當成了目標。我剛轉學還是新生時，他就要求全班同學不要歡迎我，不准跟我說話，尤其是男同學，全都噤口。即使是放學之後，也沒有人敢

---

⑤ 紅白機是指由任天堂所發售的遊戲主機。

來找我玩。

真是一大打擊！對一個小學生而言，學校的班級就等同於他的世界，在這世界裡無人搭理，就像落入了黑暗人生。我明明沒做什麼壞事啊……這是我出生以來第一次體驗到「世界是不公平的」。

受到那樣傷害的小學生回家之後，唯一能做的就只有打電玩和寫功課吧。這毫無疑問是我全心投入電玩世界的主因，因為就算到外頭去玩，也沒有任何玩伴。轉學前我其實常常外出遊玩，但這時期，我每天過著「打電玩與用功讀書」的日子。

我期待著每年兩次回沖繩老家和堂哥碰面的日子，心中想著「下次一定要打敗他」，然後全心投入電玩的練習。

人生第一次向神祈求

一開始，「因為是新生」而遭到排擠的日子，在經過了三個月後終於慢慢解禁了。但話說回來，拉歐的壓迫還是沒有消失，我也不明白自己在班上該有怎樣的定位。

不再是新生的我，因為體格僅次於拉歐，在班上的地位就像「四天王」一樣。四天王這名詞聽起來很好聽，但從此變得比其他同學更接近拉歐，反而是個阻礙。「要是我做了什麼引人注目的事，不曉得又會被怎樣對待了……」我經常沉浸在這無言的壓迫中。

即使度過了遭到漠視的三個月，班上還是沒有人願意當我的好朋友。不過，還是有心地善良的人啦，他就是和我一樣名列四天王的「Ochibi」。他三、四年級都與拉歐同班，也屢屢遭受到壓迫。這位 Ochibi 在升上四年級後，變得願意和我成為一起玩耍的朋友了。

可是，在外頭玩就很有可能被拉歐撞見的危險，到時又不知道該如何是好。所以，他在拉歐面前只能一副「抱歉」的樣子，和我保持距離，甚至裝作視而不見。但是拉歐看不到的時候，他就會跟我當好朋友。

其實我很感謝他。希望大家不要覺得「只敢偷偷跟你玩，算什麼朋友」，因為拉歐真的就是那樣令人恐懼的人物。

因為這個原因，我們私下見面時通常是回家打對戰遊戲。我們冒著被發現的危險在家打對戰遊戲，其實是很開心的，也讓人感覺到友情和羈絆。因為擁有共通的敵人，使得羈絆日益加深，這是成年人和小孩都會有的體驗。

我和他至今仍然是很要好的朋友。如果你聽到他的名字會有「什麼？」的反應，那你就算是格遊粉絲了。是的，「Ochibi」之前和現在都算得上是知名的格遊玩家。

終於，脫離拉歐的那一天來臨了。當我們升上五年級時，心理壓力已經達到臨界線的我，真的一如標題所寫，我向神祈求。

「神啊，拜託你把我調到和拉歐不一樣的班級去吧。」

這個祈禱果然如願，我和 Ochibi 都被編到和拉歐不同的班上。多虧了脫離拉歐的掌控，從五年級起，我的性格也漸漸開朗，和珍視的電玩好友 Ochibi 一起過著快樂打電玩的日子。

或許有人會想，好不容易脫離拉歐的欺壓了，還是一心只想打電玩嗎？其實那時候養成的生活習慣很難說改就改，再加上有 Ochibi 這位好友和我一起磨練遊戲技術，電玩人生變得愈來愈有趣。

至於拉歐，他後來怎麼樣了……？聽說升上中學後，他被一個如同「魁王」⑥

般的強敵給整慘了。

或許這就是因果報應吧。

沒有學長的社團

升中學時，我決定去考私立麻布學園，這算是日本少數幾所東大升學率最高的名門中學，以個性化與自由化的校風廣為人知。沒有制服，染頭髮也沒關係。最讓我印象深刻的是校規只有一條，那就是「不准穿木屐上學」。

訂定這條校規的理由是因為木屐咔啦叩隆的聲音太吵了，但是中學生也看得出來，這條校規根本是在搞笑，真正的重點在於「沒有校規」。的確是個有特色的學校。

麻布是一所初中升高中的直升學校，升高中無須考試。剛就學時，大學考試就像是遠在天邊一般。

⑥ 魁王是《北斗神拳》裡的角色，是拉歐的哥哥。

既然如此，就沒有必要特別用功了。父親也說麻布看來真是這樣的校風，便把我放著不管，也沒逼我去上補習班，既然放學後有空閒，我就用心去打電玩了。

一般的中學生是怎樣度過放學之後的時間呢？通常是參加社團活動，學習學長學弟之間的階級關係，然後聊聊是否有看上哪個女生之類的話。但我卻過著全然不同的中學時代。

我也照例參加了社團：書法社和登山社。

首先是書法社，學長們拚命勸誘新生加入，「先來這裡簽名加入喔，來來來！大家來……」就是這種氣氛。我從國小就跟著父母親學寫毛筆字，多少有些概念，所以就在名冊上簽了名。後來實際到社團辦公室去看，裡頭只有擔任顧問的老師坐在那裡，一副閒閒無事要做的樣子。所謂的學長都是些幽靈社友，只會偶爾來看看社團是否還存在。

在這樣的環境中，每週都有一次與社團老師一對一的教學。這位顧問老師曾經以書法家的身分舉辦過作品展，因為學校裡沒有別的老師熟悉書法，理所當然就由他擔任顧問；他並不是那種因為找不到人就隨便掛名當書法社顧問的老師，而是真正的書道家。每週都是一人待在社辦裡，好不容易盼到有新生進來，當然會喜形於色。

「喔！谷口同學，你來啦？很好很好，來練一下字吧。」

……我實在不忍心背棄老師，所以在這個社團勉強待到高二。

至於登山社則是中學三年級時加入的，主要是因為感情不錯的同學大力推薦。我總覺得這會縮減我打電玩的時間，所以不想加入，何況每天都要集合，拜託饒了我吧。但同學說「只是去健行而已」，我才答應加入，而事實上的確如此。

就以都內那座標高只有五百九十九公尺的高尾山來說，挑選路徑是為觀光客開闢的超簡單登山路徑，懶得爬還可以搭纜車上山。連我都覺得：「那還有什麼意思啊，好歹也是登山社吧。」沒錯，就是這麼輕鬆的社團。

加入之後，我發現社團裡沒有學長。高一、高二、高三都是零人，當時中學三年級的我成了社團中最年長的成員。同樣地，書法社也很少看到學長光臨，讓我連使用敬語的機會都沒有。在這樣的環境中，實在學不到什麼階級關係。

還好，這樣我反而不用傷腦筋，因為要是我真心想參加社團活動，每週只去一次是絕對不夠的。這樣的話，就沒時間打電玩了。

Tokido這個名字是這樣來的

對我而言，真正的社團活動是電玩遊戲。打電玩的日子非常愉快，我有個以前在拉歐暴政下結識的好友Ochibi，我們常會一起去老家橫濱的電玩遊戲中心。

至於我每天的行程，大致是這樣。

早上八點在麻布上課，上課五小時。放學後直奔到老家橫濱的電玩中心，到達時間大約是下午四點，由於對方知道我的年齡，傍晚六點一到就會被趕出來。離開電玩中心之後馬上回家，這是跟父母約定好的，假如有哪天我沒能在三十分鐘內到家，也沒有聯絡，超過六點半才到家，那就不准進家門了。這是父母唯一對我嚴格的地方；他們平常不會對我有什麼要求，只有守時這點非常嚴格。

回家之後，就是連續三小時的電玩時間，然後就寢。所以，我每天打電玩的時間加起來是五小時。明天、後天也都是如此，只要沒有社團活動，都是照這樣的行程在過生活。

「Tokido」這個暱稱也是在這個時候建立起來的，我記得是在念中學一年級的時候。至於給我取這個暱稱的人，則是電玩中心練習對打的朋友。

名字的來源是我當時打的遊戲《拳皇》中「八神庵」這個角色的決勝台詞：「跳起、踢擊之後，怎樣啊！」（Tonde Kikkukarano Doushitaa!）取字首的發音就成了「Tokido」。

再者，之前我提過，我的父母對我的教育基本上採取放任態度，就算我天天打電玩，他們也沒有責備。等到我進入麻布念中學，儘管成績直直落，他們也沒有責備。

總之，每天打電玩、輕鬆上課，我就這樣度過了中學時代。

不懂人情世故

就這樣，生活中幾乎都在打電玩的我，要學到些什麼或是人格需要成長的時刻，我唯一的方法只有「透過電玩遊戲」。

最初階的人際關係好像是在電玩遊戲中心學到的。說得更具體一點，所謂「看人臉色」這麼重要的事，我也是去了電玩遊戲中心才知道。

在此之前，我擅長電玩，一直在追尋強者之路，對於其他事物一概不考慮。雖然這樣的做法確實有幫助、讓我愈來愈強。但另一方面，我卻不懂得使用敬語，也看不懂長輩的臉色。

這樣一個不懂禮貌、像機器人一樣的人，當然會在電玩中心惹出不少事端。現在回想起來，除了苦笑，我也無言以對。

在開始解釋之前，我們得再一次了解麻布學園的特殊環境。我之所以能把大多數時間拿去打電玩，我想原因之一就是麻布學園的自由派校風。而且幸運的是，在我就讀的那個學年出現了麻布學園校史上少見的許多位電玩選手。雖說每個年級（學年）都有大約三百名學生，電玩選手稱不上主流，但是同一學年中就冒出了三十位電玩選手，算是很稀奇的。

愛打電玩的學生們一到午休時間就會衝出校門，跑到鄰近商店街一座名叫「日之丸」的電玩中心。原本我是常去橫濱的電玩中心，但看到同年級的同學們都很熱中於電玩，於是我也會去日之丸看個究竟。

有人跟我說，既然去了，就玩玩看吧。

「……谷口，原來你這麼厲害？」

在那間遊戲中心的學長學弟，沒有一個是我的對手。

在對戰中，我一方面展現出我的強大，而我至今奉行的「勝利至上主義」，卻也在那裡引燃了糾紛的火種。

當時，電玩粉絲們會依照各個不同的電玩中心組成個別的社群。當年我愛玩的是SNK的《拳皇》，但即使同樣都是《拳皇》，在不同的電玩中心就有不同的設定，比賽規則也各自不同。

現在，「快打旋風IV集團」和「拳皇集團」等不同的遊戲培育出了各自的社群，以前則以電玩中心為社群。在那個網際網路沒有現在進步的時期，想要贏得比賽，不光是要在真實的現場交流知識，也會自然而然地向自己喜歡的社群靠攏，這是當年的電玩文化。因此，我被歸類為橫濱電玩中心的「Tokido」，而不是麻布「日之丸」電玩中心的一員；說明白點，就是外來者。

我沒有意識到自己是外來者的那種氣氛，對社群文化不屑一顧。

想像一下，這還真是個令人氣憤的事。雖然來自同一所學校的學生，但被這座電玩中心視為「外來者」的我，竟然毫不猶豫地打倒日之丸社群的人，而且是連戰連勝。即使是高年級的學長，我也絲毫不露破綻地直接打敗他。還有，我不使用尋常的戰法來取勝。我會不請自來地闖進去，突然用自己擅長的無防禦連續技「永久連發」，把對手打得七葷八素。

在對手眼裡看來，這就像是參加生存遊戲（拿著會發射ＢＢ彈的空氣槍玩的戰鬥遊戲），大家玩得正開心時，突然有個不知好歹的菜鳥拿著真的機關槍進來掃射，把大家都打倒在地。

直到有個學長提醒，我才恢復正常意識。

「……喂，你打得太過火了吧？」那一瞬間我突然了解到，糟了，說不定自己惹到大麻煩了。

缺點是「學不乖」

我真的內心毫無惡念，當時的我，完全不知道自己做的是很差勁的事。我也不了解自己全心投入的，是在扼殺每一位對手的尊嚴。

我只知道，勝利的感覺好棒，我想要一直戰勝對手。用最簡單的話來形容，就是我想贏、我想贏，然後我贏了。從那時起，我沒見過哪個人渴求勝利的意志比我更強烈。

幸好，這群同校的學長和周遭的電玩中心顧客們並沒有「拉歐」那樣的個性。看來我還算是有好運加持的。假使我讀的是別的中學，恐怕又會落入被霸凌的下場。照理說，我應該會從小學時代被霸凌的體驗中了解到痛苦與恐懼，但在電玩中心的那一刻，我真的玩到忘我的境界而毫無自覺。

像這種玩到忘我境界而毫無自覺的壞習慣，當年還發生過另一件憾事。

大概在中學一年級或二年級時，我巧遇一位小學五、六年級時的同學，他是我脫離拉歐的獨裁統治後才認識的。我們聊了一會，他突然戰戰兢兢地對我說：

「你好像……變得很和氣……」

我完全聽不懂他在說什麼。雖然腦海裡冒出一個問號，卻漏失了發問的時機，我還沒問出他說話的涵義，我們就道別了。只是，那個問號一直揮之不去，非常在意的我東想西想也想不出個所以然。

於是，我跑去問 Ochibi，告訴他那個人這樣對我說，到底是什麼意思呢？他聽了我的問題，沉思了一下，然後說出了一個我寧可塞住耳朵也不願聽到的結論。

「嗯……記得在五、六年級時，你在班上就像『沙烏剎』。」

「沙烏剎」是《北斗神拳》中的角色，雖然不像拉歐那麼恐怖，但也還是個暴君的角色呀。我心想怎麼會這樣？然後從那個時間點開始回想。自從逃離拉歐之後，我的個性的確開朗許多，變開朗之後，我突然「用職業摔角招式當做打招呼」，而那位同學就是受害者之一。

我並沒有組織化地霸凌某位同學或要求全班忽視他，但我竟在不知不覺中做出讓同學們感到痛恨厭惡的事。

那些被我當成開玩笑的摔角招式，對那些體格沒我強壯的同學來說，絕對不是快樂的回憶。曾經被拉歐霸凌的我應該明瞭才對呀，想不到我竟做出那種事！

倘若當時那位小學同學沒有率直地對我說出心中的感想，我恐怕這輩子永遠不會察覺自己做過的壞事。對於電玩中心學長們的包容，還有那位同學的率直，我只有無盡的感謝。

話說回來，那位殘暴無比的拉歐，我在高中時曾經遇過他，那時他已經變得很圓滑了。說不定他也是遇到了比自己更強大的人物，才會察覺到過去的自己做了些什麼。

被人提醒或是讓我反省，都讓我非常感激，我從這些經驗中學到好多好多。

我有著學不乖的個性，但是這些事件讓我反省，我不能再這樣下去……從那時起，我真的學會了。

電玩之友──出現

在麻布中學時代有位同年級學生，現在已是非常活躍的格遊玩家「MOV」。當年他宛如體現了麻布的自由校風，留著長髮，過著自我中心的日子。

我們彼此都聽說過「那傢伙很強」，也曾經聊過天，不過我們玩的電玩不一樣，所以沒有直接對戰的機會，但周遭的同學之間抱著不同的期待。

「他們兩個如果打同一個電玩對決，不曉得誰會比較強？」

於是，有人號召：「下次就用上市的新電玩來對決吧！」

而這個「下次上市的新電玩」，就是由卡普空所發行的《快打旋風III Third Strike》、俗稱「三代」的電玩。這款遊戲在開發時就砸下重金，非常專注於細節的製作，開賣前已獲得好評，是眾人期待的新作。

對電玩玩家們來說，「新作」總是最誘人的。也因為這個緣故，「用新作對決」成了眾人的期待。重點不在於用新作擊敗對手能夠出名一輩子，而是任何電玩輸家都可以利用新作的平台逆轉打倒宿敵，這樣就能站上平手的地位。因此，許多電玩玩家才會這麼期待這千載難逢的機會。

新作三代開賣之後，立刻被拿來實戰，果然相當精彩。

在此之前，我大都是玩自己拿手的電玩遊戲，在這領域百戰百勝，贏過其他玩家，在「日之丸」的麻布軍團中更是沒有敵手。不過那次和 MOV 對戰，真的打得很精彩；應該說，我贏得一點也不輕鬆。我很清楚體會到「那傢伙很強」這句話並不是謠言，而是貨真價實。

經過這次的對戰，我們變成了好朋友，而且約好要一起去參加世界大賽。因為我們在日之丸電玩中心已經打遍天下無敵手，現在該是到外地的大賽去拓展視野的時候了。這是大約中學三年級時所發生的事。

到外地參加大賽，場內大多是成年人，我們肯定是全場最年輕的兩個人。無論在同學之間或是在附近電玩中心都沒有敵手的這兩個小孩，混在大人之中參加了大賽，假使一個不小心拿到不錯的成績，會發生什麼事呢？第六感敏銳的讀者們應該都察覺到了吧？

即使如此，還是不懂人情世故

我的目標，只有勝利。

在這樣的心態下直闖電玩大賽，我和MOV兩人雖然沒拿到優勝，卻贏得了第二名與第三名，對初次參賽的人來說算是很不錯的戰績。這個盡是成年人參與的賽事，首度參賽的中學三年級學生卻每戰告捷，當然會覺得「好爽」。稍微放肆一點顯露出得意心情，應該不為過吧……可是我們似乎得意過了頭。

第二屆大賽是在新宿的電玩中心舉辦，那一次發生了一些麻煩。

在第一屆大賽時就有成年人提醒過，這次也是有親切的成年人玩家把我們叫住，警告我們「要留意周遭的人」。

「有些人對你們的行徑感到很厭惡。」

看來是我們太過鋒芒畢露了，或者我們太吵鬧了。我們曾看到賽場內有些屬於同一陣營的玩家們會互相用「嗨！嗨！」的方式打招呼，但少不更事的我們以為那只是在喧鬧，所以也在賽場內喧鬧。在其他人看來，就是頑皮小鬼用這種方式跟大人們打招呼，怎麼看都覺得太僭越。

電玩遊戲中心裡也像這個社會一樣，存在著階級關係。這點不難理解，對上下規矩一無所知的小鬼發怒也是很正常的。可是不直接向本人抱怨，而是透過第三者來提醒，這讓我非常訝異。

原來這就是成年人的世界啊。

現在回想起來，會形成那種文化就在於玩家把電玩中心視為電玩世界的聖地了，我想，不同的電玩中心有不同的派系也是主要原因之一。而菜鳥級的小鬼頭竟然在各個電玩中心撒野，不斷擊敗資深的成年玩家，大人們當然會覺得心裡很不舒服了。

問題是，即使在這樣的環境中，我一旦陷入「勝利至上」的模式，就完全無視周遭的氣氛了。贏了之後還要繼續贏，我要享受那種「好爽快」的感覺，即使觸怒了大人對手也不在乎。

有人說過：「Tokido 缺了人情世故那顆心。」但我也沒有狂妄到「不懂人情世故又何妨」的地步，只要給我忠告，我還是會用自己的方式學到東西。

一言以蔽之，格遊世界裡也有各種各樣的社群存在。在對戰當時，我可以毫不猶豫、毫不留情地擊敗對手的角色，但是每個角色的背後是有血有肉的人在操控，大家都是抱持著各自的感情與思想投入電玩之中，我們絕對不能忘記這點，而且一定要尊重對方。

那些提醒我們注意的大人也是很專心地投入電玩。雖然有各自的社群，但是想要變強、追尋勝利的意志是不變的。就算突然冒出一個討人厭的超強小鬼頭，也不會直接表現出厭惡，而是用婉轉勸說的方式，趁機教育一些正確的常識。是的，所以他們應當受到尊敬，應當成為前輩。

假使當時的我愚蠢到極點，或者翹起鼻子對那些被我打敗的人笑著說「只要我是贏家，你們就拿我沒轍」的話，鐵定會引起更大的騷動。還好，我在「日之丸」體驗過痛苦的課程。我深刻理解到，就算是自己比較強，但對手是年紀比我大的人時，我就必須顧慮他的感受，不要火上添油。

我當然不會故意輸掉比賽，不過我要了解對手也是活生生的人，這是很重要的一課。我終於學會了社會階級的關係。

不明就裡的氣氛讓人冷汗直流

因為前輩那句「留意周遭的人」的提醒，我總算是對大人的世界以及階級關係有了基本的理解，而就在這時候，發生了一件可笑的事。

由於那是第一次來自「大人的警告」，之後我去電玩遊戲中心也過了一段提高警覺的日子。有一天在電玩中心裡，有人要請我吃拉麵，那個人就是來自警告我的派系。

我們這一方有我和「Keeper」（守護者）。Keeper 是和我同世代的玩家，另一方則是三、四位年長五到六歲的玩家，其中一人染了金髮，身高超過一百八十公分，是個體格壯碩、表情凶狠的人。

「你們要一起去吃拉麵嗎？」

我們當然只能回答：「是！我們要去！」於是一行人前往拉麵店點餐，看著拉麵逐一送到我們的桌前。我感到很緊張，一聽到「開動了」就吃了起來。

「那不是我點的嗎？」

「金髮惡漢」開口了。有人誤吃了他點的拉麵，是Keeper。呼——還好不是我，鬆了一口氣，可是又立刻繃緊神經。「說不定還有更糟的事。」一股恐懼感在我心中油然升起。

拿錯了這麼可怕的人點的拉麵，還吃了起來，這下我們該怎麼辦才好……

Keeper，你這次真的搞砸了……

之前曾被警告過的我，對於階級關係變得過度敏感。我一面憂心自己的處境，一面在心裡咒罵著Keeper，這一刻完全沒有心情吃拉麵了。完蛋了，沒救了，我不知道他會遭到什麼樣的懲罰……正當我腦海裡胡思亂想時，拉麵被吃掉的「金髮惡漢」說話了：「沒關係啦，我吃你點的拉麵好了。」說著，就舉筷吃起Keeper點的拉麵。

這是很一般的對應吧，是二十歲成年人的態度。雖然後輩弄錯了拉麵還吃下肚，但成年人是不可能計較這種小事的。

當時的我看到這一幕，不禁想著：「哇啊，好帥氣呀……」

當時我們還只是中學生罷了。那個令人畏懼的年長集團中，一臉凶神惡煞的前輩點的拉麵被後輩誤吃了，他就這麼毫不在意又帥氣地選擇原諒！表面那麼凶狠的人，卻擁有開放的胸襟，真是了不起！我打從心底這麼想。

現在的我回想起這件事雖然覺得不算什麼。但當年念中學的我根本很少有機會和前輩交流。我第一次覺得年長的前輩很了不起，也成為我的一段美好回憶。在電玩遊戲這種小眾趣味的群體裡，才會出現如此面惡心善的人物，這算是真實生活中不錯的親身體驗。

如果沒有電玩，我就不會遇到這些人；如果沒有電玩，我就不會交到真心好友。也因為有這些人，我非常感謝電玩的存在。

▼在敵方陣營落敗下跪

稍微轉換一下時間，談談另一件我需要反省的事。那是就讀大學二年級的時候，拘泥於勝利的我所遭遇到的奇恥大辱。

SNK發售過一款名叫《侍魂》的格鬥電玩，這個電玩遊戲擁有一批只玩侍魂、絕不變心的「侍魂一筋」社群在支持著，不過和《快打旋風》相比，玩家人數較少。看著《侍魂》和「侍魂社群」，當時的我不禁傲慢地這麼想，玩家少，表示欠缺能夠切磋琢磨的選手，電玩品質就難以提升。如果說《快打旋風》是大聯盟，那麼《侍魂》只能算是小聯盟。你們玩那個沒有前途的電玩，究竟哪裡有趣啊？

於是，我決定去踢館。當年，《侍魂》系列的「侍魂：天下第一劍客傳」在日本舉辦的格鬥電玩大賽「鬪劇」中被列入比賽項目，這真是個大好機會，讓那些小聯盟玩家見識一下大聯盟的實力。想當然耳我會贏得冠軍，除了冠軍之外別無意義。就讓大家看看實力的差距吧……在這樣的想法之下，我報名了《侍魂》的比賽。

我和一同上場的戰友討論之後，決定把隊名取為「黑船」，甚至在大賽之前隆重地對外發表宣言：「我們要來摧毀侍魂勢力。」

是的，我就是個「學不乖」的傢伙，完全沒考慮到熱愛《侍魂》的玩家們的心情，我只想到「這樣會讓大賽變得更熱鬧吧」，然後就去踢館了。即使比賽開始時，我還是那個不懂得察言觀色的傢伙，一路順利地勝利晉級。

如果要形容當時的比賽，就像是鬥劍的遊戲，所有參賽者都遵照規則，選擇刀劍與對手交戰，而我則是毫不猶豫地拿起機關槍當武器。

在我的想法裡，《侍魂》應該是那種「因為喜歡那個角色才選他」或「我想用這招定勝負」之類、具有一些執著和追求美學的人會喜歡的電玩。我想，製作小組大概是小時候很喜歡玩鬥劍，才會開發出這款遊戲吧。

可是，不隸屬於《侍魂》社群的我一點都不了解這其中的美學，而是拿出天生的合理思考角度來審視，就發現了電玩美學中的「破綻」。當我和某個角色的最強對手對戰時，「如果採用這種戰鬥方法，我只要按住一個按鈕就可以打贏了（笑）。」在我手中，這款遊戲不需要在意戰鬥法則，我只想用最短距離奔向「勝利」，臉上帶著笑容，拿起機關槍掃射那些「武士」。

即使我這樣挑撥，到最後，我還是沒能拿下總冠軍。

這樣的結局實在很丟人。我失敗的原因是對手們在比賽期間，很快就想出如何對抗我的必殺技「機關槍戰法」，這也讓我看出了那些武士的意志力。

這個名叫「鬪劇」的大賽，從預賽到決賽需要三個月的時間。面對預賽就鋒芒畢露的黑船隊，有些玩家已經看出，再這樣下去可能會把《侍魂》的獎盃拱手讓人，於是他們奮起鍛鍊，以鬪劇決勝大賽為目標，彼此切磋琢磨，最終取得總冠軍。

假使沒有我們黑船的存在，我想他們看待這款遊戲的角度就不會有所改變吧。大多數玩《侍魂》的人，應該只是要享受鬥劍的樂趣。但現實中碰上了我們黑船隊，確實讓不少《侍魂》社群的玩家感到很掃興。

可是，其中有一群人認為：「絕不能容許有這種邪門歪道的戰法！我們要在全國大賽中以武士之姿獲勝，保護這個社群！」這群玩家奮起努力，就像真實的武士一般。

而且，他們沒有改用我的機關槍戰法，而是專注於各自的派別，真正用心地去磨練技術，然後走上決戰的舞台。

所以當我落敗時，我不由得在競賽舞台上跪了下來。

「對不起！」

我跪伏在地上大聲道歉，引起全場氣氛熱烈沸騰，好像看了一場笑劇似的。

經歷過很多次挫折的我每次都聲明自己有所反省，卻一再發生「不懂人情世故」的狀況，次數多了，我也會覺得丟臉丟到家。所以我透過電玩，一點一點的成長了。

強者並不是光靠力量就能吸引眾人，而要擁有自己的哲學和技術，用來制伏對手。我感受到其中的美學，直到現在都一直放在心中當做心靈食糧。

成績滑落也澆不熄我的電玩熱

回到我的中學時期。我是東大畢業生，大家可能以為我是個很用功讀書的孩子，其實我只是把「無法打電玩的時間」用於讀書罷了。

比方說，上課時無法打電玩就用功讀書；搭電車時無法打電玩，就趁這個空檔讀書。大概就是這種狀況。說穿了，用功讀書是我在無法打電玩的環境下會做的事。「難道除了電玩和讀書，你沒有其他想做的事？」如果這樣問我，只能說沒有。總之，我就是愛打電玩，沒辦法打電玩時，拿來讀書也很好。我從來都不討厭讀書，我是這麼覺得。

因為這樣的狀態，我進入麻布中學後的成績開始走下坡。小學時代和我一起補習的朋友，轉眼間就超越了我。小學時我的成績明明比他好啊。

拿伊索寓言的〈龜兔賽跑〉來打比方，我就是那隻兔子，起跑之後一路領先，卻在重要時刻遭到逆轉。

可是，電玩真的愈玩愈有趣。不知從什麼時候起，在學校裡大家不再叫我的本名「谷口」，而是叫我「Tokido」。每次電玩大賽獲勝就會有雜誌來採訪報導，接著就開始會有人冷言冷語。

這樣每天泡在電玩裡，我卻不曾有過罪惡感。曾經有老師對我說教，他說不管打電玩有多厲害，也不可能拿來當工作啊。但是在麻布學園裡沒有這樣的老師，就算說話了，也只會說：「隨便都可以啦。」總而言之，除了電玩以外，我沒有其他想做的事。

在這個學習環境中，我不必考試就直升上高中部，但同學間的氣氛轉變了，的確感受到要為了考大學而用功的氣氛。連我的父母親也忍不住對我說：「差不多該讀書了吧……」沒辦法，只好從高一開始就上補習班。加上學校上課時間，每天要念書八小時。

即使如此，在我的優先順位中，打電玩還是壓倒性地勝過讀書。能夠念書的時間是每天早晚搭乘電車上下學的時候，還有就是去補習班的時間，其他時間我還是投入電玩之中，每天打電玩的時間大概五小時。我始終把打電玩視為第一優先，即使上了高中也沒改變，而我也不打算改變。

第一次在國外大賽中贏得世界冠軍

結果，在大學考試之前，我花在打電玩的時間還是沒有減少。技術愈練愈好，在大賽中屢次奪下好成績，「Tokido」這個名聲也散播開來。

回想起來，那段時期是格鬥遊戲業界的幸福時代。《快打旋風II》的格遊熱潮告一段落，剩下的都是死忠派的格遊支持者。

就在那時出現了《快打旋風III Thirrd Strike》，這根本就是為死忠玩家所打造的遊戲。之前也提過，這是耗費了大量時間與經費、非常仔細與用心製作的電玩遊戲，直到現在，還是有狂熱粉絲抓著不放，由此可見完成度極高。雖說熱潮已經退去，我們這些玩家卻感到很幸福，我很願意把我的青春時光用在這堪稱是格鬥遊戲的成熟期。

二〇〇二年，高中二年級時，我首次參加美國的「Evolution」，這是目前世界上規模最大的格遊大賽，也是我第一次出國比賽。

再過一年就要參加大學考試，父母會如何看待，讓我很擔心。我之所以想要參賽，原因是我在上一場大型比賽慘敗收場。此後，每天都過著努力用功讀書的日子，然後又參與一場格遊大賽，也是慘敗結束。

在這種負面情緒下，我實在很難專心投入考試模式，所以我不死心，還想參加比賽。這時，我聽說了「Evolution」即將舉辦的消息。

我必須找出是與非，想個「釣父母上鉤」的計策。首先就是引起他們的興趣，我對父親說：「你看看這個網站，看到了沒？雖然都是英文，你看得懂上面寫什麼嗎？」

他當然懂英文，但我故意引誘他去看。

「看來……國外有電玩大賽要舉行的樣子。你有興趣嗎？」

「嗯，如果在應考前參賽，我想我會更專心讀書。」

這個小聰明竟然奏效了。因為父親答應得很爽快，反而讓我感到狐疑。父親則是告訴我，他也曾有去國外念大學的經驗，在他看來，出國是「非常有益的經驗」，所以完全贊同我的出國之旅。

於是，我第一次造訪了美國。當我踏進會場的那一瞬間，我體會到和日本完全不同的狂熱氣氛。

與日本比賽最主要的差異在於觀眾們各有喜好，加油方法也各自不同。舉例來說，日本的觀眾只有在選手使出連續技定勝負的時刻，才會順應氣氛一齊發出歡呼聲。說得誇張點，就是其他時刻都很靜肅，不可以喊叫。日本的職棒比賽和偶像明星的演唱會也是這樣，現場觀眾何時會出聲加油，好像都預定好了。

但是美國人不一樣，他們才不管周遭的人怎麼看，即使只有他一人，也會自由地爆發他的能量，為參賽選手加油。

在這樣的熱力包圍下，我持續勝利晉級。到了「CAPCOM VS. SNK2」（簡稱卡普艾斯2）的淘汰賽最後一戰，我順利拿下優勝，成為冠軍。

決賽時，我和來自日本的知名玩家「Nuki」對戰，而我贏了這場比賽，從此「Tokido」的名號更加響亮。這個一心追求勝利的少年竟然在一路勝利之中，走到了世界顛峰。

十七歲拿到了我人生第一個世界第一。自從中學三年級第一次參賽以來，我總是被人叫做菜鳥，這一刻我突然感應到，我獲得了格遊界的認可。

成為「世界第一」之後，我也清楚感覺到父母看我的眼神變了。過去他們沒有責備我天天打電玩，卻也沒有褒獎過我。可是，當我帶著世界冠軍獎盃和獎金回國時，父親說：「你一直以來所做的事，原來這麼了不起。」

我聽了好高興。

我想，接下來可以專心念書考大學了吧。但這並不是結束。在我高三時，大學考試逐漸逼近，遊戲與讀書的時間分配調整為一比二的時候，「鬪劇二〇〇三」這個賽事首次在日本舉辦。

「鬪劇」和日本過去舉辦的各種大賽不同，擁有多種項目和獎盃，賽前會在各地舉辦預賽，挑出個中高手，就像是格遊界的「國民體育競賽」，應該算是日本首度舉辦的大規模電玩大賽。

在前一年的「EVO」，我也是用這句話「打完這次比賽就用功讀書」取得父母的許可後強行參賽……但這次的比賽不出席不行。所以我又跑去參加，而且拿到了冠軍。

這次的冠軍決賽是採用「卡普艾斯2」這個名稱。決賽的對手是很久以前就成為明星的梅原選手，當時梅原（Umehara）和Nuki並稱為「Ume-Nuki」，長期以來他們一直維持著二強時代。而我擊敗了他們，贏得冠軍。

「還是辦得到呀，大家看到沒有?!我打敗Ume-Nuki了！從今以後，就是

『Tokido』的時代了！」

我真是得意忘形了。大家應該也是這麼想吧，就連正在寫這篇文字的我，也覺得當時的自己真是太放肆了。

ROUND 2

在東大做研究，以及挫折

大四那年，我找到了比電玩更有趣的事。
我開始投入研究，實驗達成目標時，
那種成就感和格遊的勝利感非常相近。
然而，我在這裡重重跌了一跤。
我知道，我已經失去了熱情。

不容失敗的巨大壓力

高中三年級前的五年間，持續沉浸在電玩世界的我，終於在「鬪劇二〇〇三」大賽中擊敗梅原，贏得冠軍，這讓我感到非常滿足，總算可以定下心來準備大學考試了。

我先找回我的專注力，把之前荒廢的課業補回來，持續提升學業成績，考上夢想的東京大學，正式成為東大生……這是我的計畫，但人生可沒有那麼輕鬆。

一旦下定決心，就要確確實實撥出時間來念書，而且我是很認真、很專注地投入其中。就在大考即將到來的秋天，我的健康突然惡化。我感到胸部疼痛，心跳急速，腦袋裡好像被一層濃霧給籠罩似的混沌一片。

這是我從沒遇過的狀況。平常的我可以非常投入課業，也不曾感冒。除了身體沒有得過重病之外，精神方面也毫無創傷可言；「學不乖」的個性讓我跨過了許多關頭，所以我絕不是弱者。那麼，我到底是怎麼回事？

倏然出現在我腦海的是：「我該不會得了狂牛症吧？」

當時狂牛症的問題把日本搞得天翻地覆。我把自己有可能罹患狂牛症的疑慮告訴父母，他們倆一臉愕然：「這該怎麼辦才好……」但是我很認真地看待這件事。事實上，我跑去醫院進行電腦斷層掃描檢查，我以為這個病會斷了我的東大夢，為此感到前所未有的慌亂。

電腦斷層檢查有了結果，我的身體正常又健康。

那為什麼我的肉體會感受到這樣的痛苦呢？是大考對我造成的沉重壓力嗎？我直到一年後才想出這個原因。

當時我專心上學念書，成績卻沒有起色，我對這從來沒遭遇過的事感到很焦慮。打電玩時，我幾乎不曾因為壓力所苦，不管是打「EVO」還是「鬪劇」，我並沒有一般人賽前會出現的不安，心中只是覺得非常興奮。

可是回到大考這件事情，狀況就不同了。念書並不是我感興趣的電玩遊戲，大家都把應考當成是人生的重要關卡，一旦落榜，就進不了東大。我和家人為此都感到意志消沉。的的確確是人生的勝負關鍵……「絕不能失敗」的義務感把我壓得喘不過氣。

以前的我總是抱著一定要上東大的決心。自小聽了父親說的經歷，我自然而然把東大視為第一志願，然而遠看那麼美麗的山巔，真正走近去看，才發現東大這座山比我預料的要高大多了，而且登山之路異常艱險。

結果，高中三年級這一整年，我的模擬考成績完全達不到合格的標準線。我心裡想著「這下怎麼辦……」，日子一天天過去，大考日愈來愈逼近的壓力把我徹底壓垮。我多麼希望能看到父親喜悅的表情，這股人生第一次遇上的壓力卻造成我肉體上的不適。

身體狀況不佳，讓我連續好幾個星期無法冷靜下來，當然成績也不可能立刻急轉直上。模擬考的時候，我得到的評語是：落榜機率高達七成。

對於應考的事前準備，我也無法專心。因為預料考不上，我索性連看榜單都懶得去了。我拜託同樣應考東大的朋友：「你幫我看吧。」當天我留在家裡等候消息。好不容易等到了從發表錄取榜單那裡打來的電話。

「喂喂喂？」

「請你節哀。」

朋友這句話讓我了解到第一波的攻擊，失敗了。

不正常的重考生活

雖然我自知考上機率不大，但落榜還是造成很大的失落感。應考東大失敗，是我人生第一次的重大挫折。「像你這樣一天到晚打電玩，還妄想考上東大嗎？」就算有人這樣對我說，我也無法辯駁。基本上，我是個只要抓到要領就會有好收穫的人，電玩世界就是這樣，努力就有回報。「東大」是我從小就訂定的目標，卻沒辦法順利考上，一想到這就感到難以接受。

至於之前曾提過那個「從小學時起成績就不如我的同學」，則是第一次應考東大就上榜，這時我不禁想到，「只要我多花一點時間念書的話……」

雖然第一次應考東大落榜，但除了東大之外，其他學校都不列入考慮。父親也以往常的態度說：「你覺得怎樣比較好，就去做吧。」在我腦海中，只有東大是我的目標，落榜了該怎麼辦？我其實從來沒有想過。所以仔細考慮後，我決定重考，再次挑戰東大。

自願成為重考生，父親也沒有反對；他好像也曾為了考東大而重考兩次。當我向他報告「我落榜了」，他只回答「那也是沒辦法的事」。既然要重考，我立刻決定要去上重考補習班。

就這樣，抱著強烈挫折感，我展開了重考生活。沒過多久，或許是吉星高照，我的學習能力迅速向上攀升。

一年後，東大應考生的人口改變了，相較於應屆的高三考生，我這個重考生感覺到自己的學習能力更加穩固。當然我也有去升學補習班上課，但總覺得課程水準不夠高。與其如此，還不如維持我自訂的讀書計畫比較有效率，因此，我沒有去上補習班課程，而是待在自習室裡念書。

結果到了夏天，我的模擬考成績已經達到令人放心的「A級」，意思就是若以這樣的成績直接去考也不成問題了。

還沒到考試季節，就已經達到足夠放心的等級，這讓重考時代的我能夠再度認真投入電玩世界。尤其是重考的最後階段，我的心情轉變成「反正已經是A級了，要是再落榜，也不是我的錯了」。我從早上十點讀到晚上七點，然後就前往電玩中心，持續打電玩直到晚上十一點，過著令人難以想像的重考生活。

有人得知我過著這麼搞怪的重考生活，難免會批評兩句，但也有人誇獎我的

「轉換分配」工夫很好。

那時，即使在電玩中心裡引起極大的歡呼聲，我也不會戀棧，到了該回家時就離開，沒有任何留戀，有電玩大賽也無動於衷。就像有人說我懂得轉換分配，若是沒有這樣的能力，我的重考生活說不定會很辛苦。

發現考試和電玩的共通點

重考時期，我在模擬考過程中發現了一件事，那就是「相較於格鬥遊戲大賽，大學考試真的好輕鬆。」這也成為我消除緊張的定心丸。雖說考大學是一試定勝負，但是和格遊相比，大考算是很有良心的競爭。

參加大學入學考試之前，會先經歷好幾次的模擬考，每次都會得到「你在合格線上」或者「你的合格率有多少％」等評估，告訴我現在所處的位置，學生只要照著評估去調整學習，想挑戰幾次模擬考都不成問題。

就因為我在幾次模擬考中都進入合格範圍，令我產生了在正式大考也會達到標準的信心。多虧了模擬考，讓我能夠放心面對第二次大考。

另一方面，當時的格遊大賽都是一戰定勝負，而現在修訂為「三勝制」或「十勝制」等長期對戰制。在當時的一戰定勝負制之下，就算面對的是能力較差的對手，只要一個不小心輸給他，就會被淘汰，沒有下次機會。如今規則改變了。大多採行三勝制（三勝先贏制）或七勝制，當然啦，相較於一戰定勝負，多場比賽更能反映出選手的實力。

以電玩來說，如果是一戰定勝負，運氣的因素就很重要，足以影響單場比賽的輸贏。說得誇張點，就像猜拳。就算我運氣好、連勝好幾人，僥倖留在決賽，但只要決賽失敗了，就直接拿第二名，有人就會說：「Tokido 拿不到優勝啊。」

相較於靠運氣的一戰定勝負，大學入學考之前，我可以一再地參加模擬考，讓我的實力逐步增強，直到確認我達到了能輕易考上的等級。這麼一來，真正應考時，我不會死得不明不白，因為這是講究實力至上的大考。

反過來看，我在大考與格遊之間也找到了共通點，那就是「戰勝模式」非常相似。

如果想在格遊中獲勝，我得先回顧對手過去的比賽經過，然後想出對付他的方法，這是我致勝的鐵律。好比說我和梅原對戰前，我會先徹底研究對抗梅原的策略，這是贏得比賽最有效率的路徑，其他招術都只是浪費時間罷了。

過去我為了在電玩中贏過對手，一定會仔細研究對策，事先看清楚對手有什麼特性或癖好，這樣就能想出有效的對策，然後鍛鍊到手腦合一。這點真的和考大學很相似。

東大的入學考題形式其實是有規則可循的，只要多看看考古題，就能事前掌握。假使我一直努力研讀東大不會出現的題型，那對於幫我提升東大上榜率一點幫助也沒有。所以，除了打好自己的學力基礎之外，就是要反覆研究考古題，這才是考上東大的捷徑。

總而言之，我只專注於我非做不可的事，並且徹底投入練習，不管是打電玩還是考大學，這樣的感覺都是一樣的。

認真打電玩也能變成力量

由於我單純只想考東大，目標變成只有東大，因此，其他大學的考古題我沒必要去鑽研，就像我打電玩專門玩一款遊戲，東大以外的其他院校都被我排除，根本不必去蹚渾水。

這本書開宗明義就提到「東大畢業的職業電競選手」，所以常有人問我「你一面分心打電玩」，又同時考取東大嗎？「你因為有打電玩」，所以考取東大嗎？

回顧那段重考人生，我的分析是後者才是正確答案。我見過一些不知如何著手考大學的人，在準備大考前露出焦慮神色和各種負面心態，但以我打電玩的經驗來看，那些庸人自擾的行為真的沒有必要。

表面上看來，專考東大這一所大學似乎是危險的抉擇，可是當我們徹底以東大為唯一目標時，考上的機率反而提高。如果不縮小讀書範圍，同時選擇了多所大專院校當做目標的話，一定會使得東大模擬考的成績降低。

在這裡我得先聲明一下，考東大當時，我從來沒想過「把打電玩的經驗運用在東大入學考」，我是之後回顧時，才發現我的讀書方式其實是有打電玩的經驗在支撐著，所以才有這樣的聯想。

因此，當我聽到長輩批判「一直打電玩會變笨」的時候，總是想當面反駁。我不認為「打電玩會變聰明」，但是我壓根不認同「打電玩會變笨」的說法。真正重要的是「你願意花多少心力去投入這項目標」。只要認真去考試，不管發生什麼意外，總是能向他人學到一些經驗。拿我來說，那些提供經驗的對象其實來自於電玩的世界。

尤其是電玩競技的勝負，必須經過充分的思考才能爬上勝利的山頭。例如中學三年級時，我決定和 MOV 一起參加大賽，於是我就思考要如何才能登頂？還有我必須做些什麼？這些在當時我都會用心去思考。甚至要等到認真投入電玩之後，才會了解「對策」有多重要。

以格遊來說，參與競技的人口愈來愈多，在這種情況下想要達到顛峰或是維持既有的地位，花費的時間不可能人人相同。為了維持效率，我們得要思考哪一位對手要用哪一種手法對抗，以及不同的技法要如何化解，這些都讓我明瞭「對策」的必要性。

只要認真投入，就算是電玩遊戲，也會在不知不覺中冒出邁向成功的「模式」，並且烙印在身上。當你有了自己專屬的「模式」，就成為你在其他方面都能活用的「應用力」源頭。就算自己沒有注意到，但只要真心投入，就會在各個方面都取得當初難以想像的成果。儘管沒有企圖，身上既有的「模式」或「應用力」也會自動開花結果。

在不知不覺間，電玩遊戲教給我一些東西，多虧有它們，我終於考上東大，而且入學後取得了我意想不到的成果。

剛上大學就遠征海外

應考的第一年，我因為花太多時間打電玩而名落孫山。到了第二年，我感謝能夠一邊打電玩一邊用功讀書，讓我順利考上東京大學理科I類。

就像一般的大學新生，我免不了也要接受入學的洗禮。為了早一步確立個人風格、打破入學時的沉默氣氛，我特地挑了「安田大馬戲團」⑦的搞笑橋段，全身只穿一件丁字褲，在大家面前灑花跳舞，意外地被同學們視為勇於奉獻自我的類別。

不過，終究還是電玩社群最讓我開心。入學後，打電玩的時間分配也重新調整，「Tokido」真正的突破期，也就是在念大學的這個時期。與其說這段時期叫「大學時代」，不如說是「大賽玩家時代」還更貼切。這時我常以電玩玩家的身分參與活動，也拿下不少成績。

入學之後的首戰是「鬪劇二〇〇五」。我才剛進東大，五月就舉辦了大賽，而我很迅速地就拿下優勝。「考上東大後立刻拿下大賽冠軍，那傢伙是怪物嗎？」我聽到有人這樣評論，覺得有些自傲。同時兼顧打電玩和考東大、而且過著異常重考生活的我，總算有些收穫了。

這段時期，我也頻繁參與海外賽事。海外的格遊大賽規模一年比一年大，這是我的親身體驗。我首度贏得世界冠軍腰帶的「EVO二〇〇二」比賽會場大概只有大學體育館那麼大，場上只能容納約一百名強者參賽。不過在此之前，EVO的前身比賽參賽人數僅數十人，我還見過更小型的賽事。

但是，二〇〇五年，我參加的「EVO二〇〇五」已經和過往大不相同。地點安排在娛樂之都拉斯維加斯，在可以望見沙漠的飯店一角，聚集了將近三百人。在那之後經過好幾年，會場已經遷到靠近拉斯維加斯中心了。

大賽的規模愈大，參賽玩家的水準也愈高，能在眾多高手中過關斬將的選手自然贏得眾人的高度評價。從二〇〇五到〇七年，我參加的EVO總計拿到一次

---

⑦ 安田大馬戲團是日本諧星團體。

優勝、一次第二名、兩次第三名。那陣子，「Tokido」逐漸在世界闖出名號了。

在海外，大多數人都知道我叫「Tokido」，知道我的本名叫谷口一的人寥寥可數。不管我在賽程中是否拿下冠軍，沒有人對我的本名感興趣，大家只知道我的玩家稱號。

那時的我內心毫無迷惘，只是不停地追逐勝利。我付出的努力都有了回報，伴隨著成果。至於面對電玩遊戲的意識和練習方法，我認為沒必要去做任何改變，我只要確認那個遊戲的最強角色，然後毫不猶豫地選擇那個角色上場。此外，還要研究對戰的對手習性，思考出絕對能戰勝的理論。等到真正上了戰場，我就依照這個理論去對戰，一舉擊敗對手。沒錯，就是贏得勝利。

對我而言，什麼都不需要改變。我的自信心沒有半點兒烏雲，我再一次走上無人管制的生活。

附帶一提，這個時期的我並沒有想過將來要做什麼。當時日本還沒出現職業電競選手這樣的名詞，如果有人問我將來想走哪條路，最普遍的答案就是就業之類吧，但我腦中的答案卻很曖昧不明。

畢竟，我成功考上了東大，我還是只想著要打電玩。我想要進入那個日漸熱門的格遊世界，我要在那個世界中盡情享受勝利不斷的人生。

毫無預警的「戒斷電玩」

對於這樣的我，突然發生一件讓我和電玩保持距離的事件，我的人生陷入迷霧中。

大學四年級那一年，我幾乎沒時間打電玩。想當初重考時，我也是一邊打電玩一邊讀書，那時曾有朋友勸我去參加「鬪劇」比賽，可是我真的沒多少時間可以認真看待電玩競賽，所以結果很糟，但我完全不在意。

我並不是覺得電玩打到膩了，而是在大學生涯中找到了比電玩更有趣的事，那就是大學四年級在研究室進行「研究」。接下來我就來說說這個狀況。

在東大，一、二年級時幾乎全部學生都在上有關「教養」這個寬廣領域的學問，直到升上三年級，才冒出與興趣有關的個人志願及專門課程。到了四年級則會分配研究室，讓學生能夠專心投入各自的研究。

三年級要選修專門課程時，我選擇專攻「材料工學組」。基本上，這個科系是在研究物質的結構與性質、開發新的材料，至於新材料對世界能夠付出多少貢獻，這門學科大致上就是在研究這部分。

為什麼我會選擇材料工學呢？其實在這個學科裡還有一個分類更細的領域，叫做「生物材料」科學；生物材料指的是修補人類身體所喪失的機能之新式材料，簡單來說，就是人造骨骼、人工內臟之類的東西。

雖然這不屬於醫學系，但是對醫療方面能夠有所貢獻我就無法漠視。我加入了這個科系，一升上四年級就投入研究，而且非常用心。

直到大學三年級，我對大學的課業與實驗已經非常熟稔，所以還有時間打電玩。不過想從東大畢業，首先學分要夠。所以四年級時，我找了這個有分配研究室的科系。或許有人會想，我又想躲在裡頭打電玩了吧？其實，我是在研究室裡不斷地做「研究」。

我究竟做了哪些研究，這有點難說明。我投入研究的主題是有關「液體的黏性」。研究室大老闆是一位副教授，他的研究主題利用「氧化還原的震動反應」，讓液體在不受外力的刺激下增加或降低黏稠度，是目前世界上相當先進的研究。副教授的研究是把這個稱為膠質的物體在不需要外部刺激的情況下，讓膠質自動膨脹、縮小。他把這個膠質當做心臟來研究，甚至還畫了有關製造人工心臟的漫畫，讓更多人理解。

我知道光憑這幾行字不太可能完整傳達研究的內容，總之，從大四起，我開始進行研究實驗，覺得非常有趣。為了追尋目標，我不斷地進行嘗試錯誤；這是需要創意的任務，當實驗達成目標時，那種成就感和格鬥遊戲的勝利感非常相近。

在之後的一年裡，我廢寢忘食地投入研究，早晚都待在研究室。原本一年級、二年級、三年級在東大還想打電玩的我，究竟到哪裡去了？

我自己也覺得很訝異，研究竟然擁有和電玩一樣的吸引力，當我投入研究時，就會忘記一切、埋頭鑽研。在大學四年級的這一年當中，我甚至沒有想過要去打電玩。

電玩教我的事1：吸收知識與發現課題

大學四年級在研究室的研究成果，受到我的指導教授所託，要「整理成為能夠刊載於科學雜誌的文本」，作為研究所一年級要用到的論文。

身為第一作者，我所寫的第一本著作叫做《*Characterization of autonomously oscillating viscosity induced by swelling/deswelling oscillation of the microgels*》，還有一本共同著作《*Autonomously oscillating viscosity in microgel dispersions*》。在這些論文裡，「Nature Asia Materials」的文字被特意突顯出來，在當時算是非常先進的研究成果。

至於發表這些論文的國際學會，則因此獲頒「壁報獎」（Poster Award）。大學生的研究成果變成國際學會獲獎的標題是非常稀奇的事，也是非常令人感到榮耀的大獎。可是得獎之後，我卻彷彿變成了無用的廢人。

為什麼像是從天國俯衝墜入地獄，原因我稍後再詳述，但是我做研究時注意到兩個重點：

第一就是「電玩教我事物的價值」。

研究當時，我得到了如同打電玩般的快感，而且最終取得了足以獲獎的研究成果，這顯然是過去埋頭打電玩帶來的效應。

簡而言之，在研究與電玩領域中想要奪取獎盃是有共通性的。具體來說有三大項目，首先是「吸收知識與發現課題」。

做研究屬於前半階段，沒有一個研究是莫名其妙就冒出來。要做研究，得先在研究室裡閱讀大量過去累積的知識，才能訂定新的研究主題，尋找新的發現。加上過去已有留下的參考書籍，研究開始前一定要吸收完整而且有體系的知識。

我在打電玩的時候，也會做同樣的事前研究。

格鬥遊戲的世界裡有一種名為「Mook」的圖文攻略本，這是電玩遊戲發售廠商以玩家為目標所發行的書籍，裡面詳細描述各個格鬥角色的戰技和特性，以及連續技的種類等，對於各項數據都有詳盡的解說。

我很喜歡閱讀數據。看著數據就開始東想西想，這算是一項樂趣。這個角色會如何反應呢？會使用哪些戰技呢？從哪方面開始進攻呢……？看過數據之後就會發現課題，要求自己尋找應對的方法。

這應該算是我的特點吧，在遊戲開始前先看個幾遍。輪到我上場前，為了防範意外狀況，我一定會先看 Mook 預習。說麻煩也的確如此，但很多玩家不懂得要這麼做。不過假使沒有預先吸收知識，又該怎麼練習對策呢？這才是大問題。

Mook 攻略本裡寫的都是活的數據，光是數據，在實戰中並沒有意義，必須把各方面的數據都組合在一起才會產生意義。而如何去組合理解這些數據，就看電玩玩家有沒有慧根了。

請各位先想一想樂高的小積木。每一塊積木都是單獨存在，只有把積木堆疊起來，才能製作出帶有意義的各種物體。Mook裡面已經記錄了各方面的數據，這些就像是樂高的積木。

既然廠商推出了數據專門書，豈有放著不用的道理？如果是想要運用自身累積的技能，那就要先看過Mook，然後一邊打電玩、一邊從中學習。

在這樣的理論下，我每次開始研究都要先讀過副教授的論文和博士研究生的論文。接著又要研讀有關微粒子分散系的流變學相關文獻，總之，就是把過去的研究成果全部看過。

光是模仿那些文獻裡記載的手法，是無法創造出新成果的。只有把所有文獻都組合在腦海中，才有可能誕生出新成果。在過去的論文中，為了便於日後繼續研究，我會把手法和順序寫清楚，這樣才算是有用的資訊。

經過反覆的討論，「這些研究成果與文獻所得到的資訊要能結合在一起，才會萌生出新的成果」，換句話說，我研究出來的結論就是：「理論上，這種不需要藉由外力的刺激就能自動改變黏度大小的液體，是一定辦得到的！」

電玩教我的事2：為了在最短距離拿下成果

「為了在最短距離拿下成果」就是要思考對策，這是做研究時的重點，想找到最合適的條件，就得先縮短作業時間。因為我很擅長這方面，所以我才能在短期間的研究之後拿出成果，得到學會認可與獎勵。

為什麼我擅長尋找最合適的條件呢？因為我有打電玩的經驗。

對電玩遊戲而言，「縮短時間」具有重要意義。打電玩並不是花很長時間慢慢磨練就會變強，事實上剛好相反，打電玩時沒有多少時間能讓我慢慢研究，也沒有時間猶豫。雖然有人花上三年時間累積到一百分，但是從致勝率來看，每個月能夠贏得八十分的玩家更具有優勢。在電玩世界中，即使是老字號的《快打旋風IV》系列，每隔一、兩年也會推出新產品，其中角色的能力會有所調整，所以舊版的戰術無法直接套用。

過去的研究成果每隔一、兩年就翻新一次，這是個有歡樂也有苦澀的世界。

就算心裡想著「我要花三年才能登峰造極」，但根本沒有那麼多時間可以供我揮霍。想要勝利，玩家必須具備「研究者」的資質，可是光靠「研究者資質」也不可能一直戰勝。

而勝利的次數呢，與其把目標放在一百分，還不如用最快的速度打到八十分。因此，要想在最短距離內得到成果，最有效的方法就是「抓虱子」。

雖說是「抓虱子」，但不是真的要大家去一隻一隻的抓虱子，而是要「像抓虱子那樣」專注於工作，這麼一來就不會覺得辛苦了。

拿格遊來說，有一種東西叫「技能相性」（意思是技能的適合性），只要好好調查，就能讓自己升級。比方說，有個角色叫「雲」（Yun），擁有「雷擊踢」的技能。他能用這一招從空中高速襲擊對手，很難判斷他的命中時機與踢擊軌道。我愛用的角色「豪鬼」該如何對付「雷擊踢」呢？這就要思考技能相性了。

在練習過程中，我使用豪鬼的所有技能去對抗雲的「雷擊踢」，試試看哪一種方法的防禦力最好，這項工程非常花時間。不過只要調查過一輪，我猜想「經過驗證後學到的豪鬼專用對抗技法，該不會也能拿來對抗楊（Yang）的雷擊踢，或是盧法斯（Rufus）的戰隼飛踢？」於是，在思考對抗楊和盧法斯的戰術時，的確大幅縮短了鑽研的時間。

像這樣，我會不斷累積「這個距離、這種狀況、這個招式就能致勝」的知識。還有些強者更厲害，把位置、距離等要素拿到電腦畫面上，精確計算這段距離有多少個「色點」。

至於研究這方面，我也是以「如何取得所需的數據」作為實驗目標。首先，我絞盡腦汁去想，該怎麼做才能得到目標的實驗數據，等開始實驗後，我馬上了解到這會消耗掉大量的時間，很難在限期之內拿到成果。這時，我需要的是「用最大極限的效率去抓虱子」。

比方說，我從事的研究裡有溫度、濃度、微粒子大小等足以影響實驗結果的主要因素，假如實驗過程中同時變更這三種因素，就很難確認究竟是哪個因素造成這樣的結果。

所以，調查因果關係時，必須每次實驗都專注於調整一個因素。例如一系列只調整溫度的實驗，或是只調整微粒子濃度的系列實驗，或是單就微粒子大小來做的系列實驗。

如此一來，隨著實驗次數增加，就愈來愈容易看出影響數據變化的因素是哪一項。之後再做實驗時，就能預料到變更什麼條件會達到實驗的目標。

透過電玩遊戲，我了解到這樣做實驗的重要性，而且我早已熟悉做法，所以應用在研究中也是很自然的事，不過在一般人看來，很可能覺得「誰會花那麼多時間去做那麼麻煩的事」。或許真的很麻煩，但這樣不辭辛苦是有收穫的。在我看來，這樣不斷累積平凡數據動作，特別是在格鬥遊戲中，會和「後半段的持續力」有所關聯。

有些勝率很高的玩家從來不會用心去累積細微的知識，他們覺得，與其磨練精密的戰略，還不如多注意「流程」與「模式」的差異，他們能夠迅速看出對手的行為模式，認定「這樣做就會贏」。一般來說，粉絲會把這些玩家視為「感受力強」的人物。

但這種玩家的活躍期間相當短暫。當電玩遊戲剛開賣時，他們是出奇強大的玩家，過了一陣子，其他玩家的成績變好、追了上來，就會超越他們，後半段就很持久。

為什麼會發生這種情況？那是因為這些玩家用很粗略的技法在打電玩，別人也會立刻想出擊敗他們的對策。而這些玩家甚至沒有尋找新戰法的能力，在對戰中手法愈來愈糟，結果就無法獲勝了。

不管玩家的感受力有多好，絕對沒有一招闖天下這種好事，電玩的世界絕不是這麼天真的。真想要在第一線上持續獲勝，就不能只拘泥於單一的戰法。而我該如何尋找新戰法呢？就是去研究那些累積下來的細微數據，我覺得這才是有效的做法。

要是在提升戰技上有所怠慢，雖然是同款電玩，但重新回到電玩大賽，就會被年輕又勤奮的玩家後輩批評「戰法不變，過時囉」。在研究方面，假使失去方向性就無法取得成果，那種感覺像是掉進「停滯不前」的泥沼裡，難以動彈。

電玩教我的事3：別錯過偶然

第三個影響打電玩和做研究的共通要素就是「別錯過偶然」；換另一種說法，就是「神來一筆」。

在電玩世界裡，有時玩家會突然目擊某個角色出現超乎想像的動作。這是我在書中偶爾提到的《卡普艾斯2》電玩中實際遇過的事。

有一次對戰時，面對敵手玩家的追殺，其中一方慌了手腳，胡亂輸入指令。

結果原本應該敗給「波動拳」招式的「突刺直拳」招式，卻發生神奇的「穿越」波動拳的事件。

後來在《卡普艾斯2》這個電玩中演變成必備技能的「前滾翻消失」，就是在這樣的「偶然」狀況下被發展出來的。當時發現這種狀況的朋友告訴我：「因為我害怕波動拳，所以用前滾翻躲避，那一刻想要施展必殺技，卻又被逼到角落，所以乾脆兩個招式一起用……」

這真是非常偶然的情況下出現的產物。照平常對戰的狀況，他只不過是輸入了必殺技（這裡是突刺直拳）和前滾翻兩個指令，一般只會打出突刺直拳而已，為什麼會出現這個意外狀況呢？

事實上，如果在輸入突刺直拳指令的幾格之前沒有先行施展前滾翻動作，就不會出現這奇蹟般的現象。這就像被逼到死角的玩家，在焦慮中胡亂按鍵輸入動作才偶然誕生的產物。

看在一般玩家眼中，還以為是「哦哦！怎麼會這樣？這是臨時出現的錯誤嗎？」但那個人卻抱著強大的探索之心，「為什麼會發生這種事？是不是我輸入了什麼指令？」於是展開一連串的嘗試錯誤歷程，最後終於得到新招式的原理。

做研究時也是這樣，不斷重複實驗，結果中途冒出一個大幅超越常理的數據。人們常會把特殊狀況視為實驗失誤，但真的用心去想想為什麼，就會得到和預期不同的結果。

實際上，我在做實驗時也發生過相同的事。當時在特定溫度下觀察微粒子濃度，結果實驗數據中出現了超乎預料的現象。我感到很奇怪，拿起還沒仔細研讀的過去研究紀錄和參考書，終於解開這種現象的真貌。而那意料之外的結果也成為解說理論的基礎。後來我在撰寫論文時，也把這個研究列入應用實驗的項目中。

這個紀錄被研究室的恩師（之後會提到）發現，他說：「做得好，你終於發現了！其實我以前做實驗時，也曾出現過相同的狀況……」他似乎非常感動。

「原來老師之前已經碰過了。」我難免感到喪氣，前一刻我還以為自己是獨創的發現者而雀躍不已呢。順帶一提，被授與諾貝爾化學獎的白川英樹老師，他的導電性聚合物研究也沒有放過任何特殊數據，這成了偶然中造就功績的重要範例。

「不要讓偶然永遠只是偶然。」連這樣的心態都是電玩遊戲教我的，直到今天，我心中依舊十分感謝。

所以，這麼重要的發現絕對不能用偶然的心態去期待。雖然這是偶然間的發現，重點是，不能光靠「單純的偶然」一筆帶過。本著「別錯過偶然」的意志，我在研究領域累積了更多的知識和探索的努力，做研究時絕不欠缺興趣與關心，這才是研究能夠持續的本質。

我從電玩中真的學到好多啊……當我埋首於研究時，腦子裡突然浮現了這個想法。最初只是喜歡玩、想要贏，我廢寢忘食地玩，卻沒機會仔細思考電玩所創造的價值。我的父母和老師們從不認為我打電玩荒廢了學業，我也不是因為打電玩遭人嘲弄、抱著「總有一天要讓你們刮目相看」的心態而拚命打電玩。我只是單純醉心於喜歡打的電玩，過著幸福的每一天。不，應該說每一天都過得很幸福，讓我欠缺思考，只享受電玩帶來的樂趣。

直到有一天我離開了電玩，用旁觀者的角度去觀察，才發現在不知不覺中，電玩已經傳授給我非常重大的人生態度。

在戴著有色眼鏡的世人看來，電玩不過是個遊戲，沒辦法得到什麼成就。但是大學的研究期間，卻有人深刻體會到電玩的功用。

電玩好了不起啊。我回頭發現了這件事。

對電玩產生感謝之心，就是出現在做研究的那段日子，而這份感謝之心，也是我日後決定成為職業電競選手的重要因素。

影響至深的恩師

透過研究任務，我理解了另一個更重要的東西。那不是技術層面的手法，而是足以搖撼我人生的大事，也就是「熱情的價值」。

之前提到，我沉浸於在研究室裡做研究，但並不是每個人都像我一樣專注。打從我加入研究團隊之後，就見到那些日子過得如同上班族、定時上下班的研究生，看到這樣的日子，我無法隱藏幻滅的心情；明明是開發畢業論文的地方，是日本最高學府的研究室，卻是這個模樣。

我個人因為對生物材料感興趣，才會加入研究團隊，這是理科撰寫畢業論文的核心，據說一旦投入研究就沒有閒暇時間，所以我之前就有了覺悟。只是在我看來，其他研究生似乎都缺乏幹勁，難道這地方真這麼無聊嗎？我免不了這麼想。

在我內心曾期待著「東大有生物材料學，想必我能日夜待在研究室裡專注於研究吧」，但現實並非如此。

剛好在這時，我的恩師S先生出現了。

升上四年級後，我加入研究室，首先設定好畢業論文主題，至於研究方面要如何分割每天的時間，得要向副教授報備。除了我之外，另外兩個同學主要著眼於「學分夠不夠」和「社團活動」，而我也不可能毫無忌憚地拿「打電玩」當理由，所以副教授說：「既然谷口同學時間最多，就和S先生搭檔吧。」就這樣，決定了我的時間分配。

後來我之所以能夠那麼專注於研究，都是因為這位S先生。假如沒有他，我根本不知道如何熬過那段時間，所以他算是我人生中的恩師。

說是恩師，但S先生並不是教授，而是研究室裡的前輩，一般稱他為博士後研究員。他為人熱情，過去我從沒見過這麼熱情的人。

他一旦談起自己的研究就非常熱心，甚至願意花一小時以上的時間來說明。假如我有疑問想討論，不管何時何地他都會奉陪，完全展現他喜愛研究的態度。此外，S先生毫不隱藏他對恩師的感謝之意，常跟我提到這一點，聽著聽著，我也覺得自己的熱情受到激發。而教授們其實也對他抱持著絕對的信賴，研究室的任務分配全都教給他負責。

對於這樣的S先生，我頗有同感，或者說共鳴，這樣形容比較正確。當時我並沒有想太多，如今回顧起來，就像我喜愛打電玩，他則是專注於研究。也許正是因為他的這股熱情喚起了我的共鳴，而對研究產生了興趣。我和S先生共享研究主題，他從不諱言他喜愛實驗的趣味，只要在研究室裡，就會花時間和我討論各項議題。

「為了取得正確的數據，必須先去看看過去的實驗結果，例如提高反應溫度或提升微粒子濃度……」「我覺得你的思考方向正確，但光是這樣不足以提升充分的可能性。從反應速度的觀點來看，膠狀微粒子的尺寸不妨縮小一些比較好……」

這是我人生第一次和電玩保持距離。過去我的生活型態是以電玩為核心，但是和S先生一起進入研究的世界之後，我毫不猶豫地、全心全意地讓研究取代了電玩。

我幾乎沒有再想起打電玩，而是埋頭做實驗。

看到同學面對研究的態度，忍不住覺得，假如是在格遊世界裡，這樣的態度是絕不可能戰勝的。這樣能取得研究成果嗎？在電玩世界裡，我拿過世界冠軍，那些常與我交手的格遊玩家的實力，恐怕比這些做研究的同學還強大吧……

現在回想起來，「父母、社會聽了就皺眉頭的電玩世界」，還有「父母、社會非常讚譽的東大世界」，當時我感覺到這種評論「一定有錯誤」。

在專精一款格鬥遊戲時，想要變強、想要成為世界第一就必須像我之前說的，要不斷努力，創造出自己的模式與方法論，而向上昇華。如果只是抱持半吊子的態度或把電玩當成打發時間的玩樂，那是絕不可能在比賽中贏得勝利的。

對於熱情的探索

留下成果的人和沒有留下成果的人，差別在哪裡？

答案是「熱情」。

撇開完全沒有熱情的人不談，假使有兩個人都對自己的任務抱持熱情，兩人加乘將會發揮出更高溫的熱情，取得更巨大的成果。這是我對熱情所下的第一個定義。

這個定義要是被「ＩＱ玩家」或「冷酷的合理主義者」看到，一定會被嘲笑的。但我很清楚，想要拿到好成績，熱情是必須且不可缺少的元素。

就以製造飛機的人來說，如果做事需要他人鞭策或者有惰性，那麼這些人是造不出飛機的。必須要有想要像鳥一樣在天空飛翔的意志、想要飛到更遠的國度、想要飛得更快、想要飛到彼岸再次見到那個人，抱著這樣的熱情才能有今天的飛機。

假如內在找不到任何熱情的火炬，那就沒辦法花大量時間，也無法集中精神、很難一再地嘗試錯誤。這樣的人，不可能和有熱情的人為敵，創造出美好成果的機率也非常低。大學研究成果也是如此，格鬥電玩大賽的冠軍亦然，這是共通的特性。

另外，有熱情的人會比沒熱情的人多得到一些好處。

那就是來自其他人的援助。

熱情會傳染給其他的人。熱情就像火炬一般照亮周圍的人，而且還能轉移火花，讓火焰傳到另一根火炬上。對我而言，正因為遇見了S先生這位充滿熱情的博士後研究員，我才會從過去的門外漢變成一個一頭栽入實驗與研究領域的人。

有了熱情，就會形成漩渦。透過研究我了解到這點。S先生的熱情將火種傳給我，讓我變成有熱情的人。而同樣帶著熱情的人要是能夠聯手，將會創造出非常巨大的能量。即使每個人的熱情有所不同，但是從S先生那裡取得火種的我一旦和他合作，雙方都會得到優異的成果。

從他人那裡取得的火種，在我心中會變成另一種火焰。這些火焰相互作用，形成更鮮明的火把。如今，在格遊界裡，常和梅先生一起作戰，讓我更加確信這一點。

熱情還能呼朋引伴。當投入熱情於工作時，有時會遭遇困境，倘若那一堵牆高過了個人的能力所及，那時必定有人會出手相救。

之後我會提到，平常我有許多練習夥伴，和他們一起切磋琢磨會讓我愈來愈強。他們把寶貴的時間借給我，因為他們了解我是認真在打電玩，他們清楚感受到我的熱情。

不過，最後還是有一個我很不願意面對的事實。我這個人原本是個沒有別人幫忙傳遞火焰就不懂得什麼是熱情的人，意思是說，要不是別人把熱情提供給我，我自己還不懂得怎麼點火。雖然我想追求熱情，但沒有他人的幫忙，我根本無法引燃心中的熱火。這顯然是非常天真無知的想法，這是以前的我原本的個性。

假使我能更早發覺人生的熱情，假使我能在這個時候發覺熱情的價值和自己的特性……但是說來慚愧，一直到我失去了所有，我才注意到這一點。

無法挽回的失敗

在這個時期，我對於研究注入了極大的能量，並且投入壓倒性的熱情，卻在我完全沒有察覺的情況下，我跳離了這個環境。

東大理科學系的學生們大都會繼續升學，進入研究所深造。我也是這樣，因為我想繼續待在生物材料科學研究室，理所當然要繼續念研究所，但想不到我竟在這裡重重跌了一跤。

若想繼續在我喜歡的研究室裡，得先通過研究所入學考試，但考試結果放榜後，我的考試分數完全贏不過其他大學生。

依照慣例，四年級學生在研究所考試的一個月前還是會繼續進行研究。這時剛好是四年級畢業考成績發表，接著參加研究所入學考試，算是標準流程。由於當時我大致修完了足夠畢業的大學學分，所以沒有再去上課，但我仍舊埋頭於研究。直到考前一個月，我才「做做樣子」用功一下，結果考試成績顯示出我用功不足。

我對考試成績有著過度理想的認知，沒有釋出足夠的讀書時間。其他的大學生比我花了更多時間在準備考試，我會輸給他們也是理所當然。在各種材料科學領域中，生物材料科學算是其中最受歡迎的研究室。

總之，就是如此。可是，我沒辦法接受這個事實。

直到現在我還忘不掉那時來報考的慶應與京大學生們。他們奪走了進入研究室的門票，尤其是京大學生為了上榜的拚勁，令人印象深刻。我就這樣被踢出了合格榜單，甚至連走進研究室的資格都喪失了。

研究室的老師看到落榜的我，忍不住感到很失望。「你……真是可惜啊。」

我應該更用功才對，但是考試結果慘敗。我比任何人都更用心投入的那個研究，現在全都交到其他大學生手中。我覺得很震撼，失去了立足點。

我不斷地等待，拿到了比誰都還要好的研究成果，但是從今以後再也無法參與了嗎？

我太投入研究，承認自己在考試方面應該要更努力讀書，可是，這樣的結局也太可悲了吧？

我感到很心慌、重重跌了一跤，我咒罵自己、咒罵上天，最終，我只得到失望。這個大學體系無法評斷研究成果和學生參與的熱情，令我感到失望。東大算什麼玩意兒，研究得到了那麼多成果，最後卻在考試那關摔倒，掰掰再見。我的熱情就此喪失。

我很有自信，只要用心研究就能收到成果，所以我的悔恨比其他人多一倍。滿滿的負面情緒中，最難忘的就是研究所考試後的慰勞會，恩師S先生的表情是那麼的悲傷。

就連日常情緒相當平穩的S先生，也因為我的落榜而朝天空大喊「混蛋」。那一刻，我的淚水不由得流了出來，因為此後再也無法和S先生一起做研究了。

那一年的年底，S先生離開了東大；他有足夠的實力可以留在研究室，但他選擇挑戰其他大學的研究所。臨別之際，S先生這麼說：「假如你還在，說不定我會留在研究室。」

直到現在我一想起這段話，還是忍不住流淚。那是無法忘懷的道別。

因為不安，我選擇逃避

研究所考試其實是全體學科都使用共通的一套考題來測驗，分數高的學生可以優先選擇想進的研究室。沒能進入第一志願的我選擇的研究室，從客觀來看，其實水準滿不錯，是那種俗稱「能夠增強就業能力的研究室」，只要從這個研究所畢業，找工作是沒問題的。畢竟到東大念書，當然要選擇有助於未來就業的研究室，這是很自然的選擇。

研究內容雖然歸於理科，卻又帶有文科的特色，還滿奇特的設定。雖說和我過去熟悉的領域有所差異，但在這個新天地，我能夠努力到什麼地步呢？念頭一轉，突然覺得有親身嘗試的價值。就算自己沒那麼優秀，說不定我能在這領域裡達到一些成就。

可是，接下來我又遭遇到挫折了。之前我在研究室裡鍛鍊的方法，在新研究室裡卻無法通用。我曾想過，只要緊緊咬住研究目標、用心研究，總會長出一些新芽吧。但我沒有把握，因為我內心那個吸引我咬住目標的熱情已經消失不見。

為什麼欠缺動力呢？為什麼無法繼續呢？理由很清楚，因為這裡沒有S先生這樣的導引者。當初，我就是看了S先生用心研究的模樣才萌生出熱情。可是這裡欠缺S先生的火炬，我的熱情也找不回來。這個不在我預定計畫中的研究室裡沒有像S先生那樣的人物，而S先生因為我的失敗離開了東大。

我想過，說不定我能夠自己挖掘出夢想。可是當時的我，不懂得要怎麼樣幫自己的火炬點火，我也欠缺新的火種，沒辦法自己製造出熱情。

假如一直沒辦法點燃熱情，那就沒有興趣了。當然我有自信，只要拚下去，一定會拿到好成績。問題是我缺乏意志。假如有意志呢？但我真的找不到……我的內心被不安盤據著，這時選擇的行動是「逃避」。在這個研究室裡，我找不到能夠激勵我的東西，所以我轉頭朝向研究室外尋求力量。

我回頭去找之前做研究的主題。我的迷戀難以消除，剛好當初帶我入門做小組實驗的老師對我說：「即使考上別的研究室，還是可以把之前的實驗做好，並且發表研究論文。」

他的意思是，我在「目前的研究室從事正規研究時」，也可以忙裡偷閒做完之前的實驗。只不過，我完全不做目前研究室的「正規研究」，而把時間全花在過去未完成的實驗。此外，我還要繼續補強理論，平常不會去所屬的研究室，而是跑去圖書館找資料。

實際上，我只是想逃避新研究室帶給我的挫折。

我沒有去做我應該做的研究，把它拋在腦後。而我實際上著手的舊研究，雖然不如以往那麼有熱情，但是好歹有點意願。

這是對周遭的人造成很大困擾的行為。我只設籍在新的研究室，卻沒心情做研究，也沒準備研究生論文，甚至沒意願去補滿我需要的學分。我知道，我已經無法回頭了，因為我失去了熱情。過去那個促使我前進的力量，如今已全部消失。

沒有熱情的成功毫無意義

之前提過，我寫的論文曾在國際學會中獲獎，而那就是在這段時期發生的事。雖然我早已失去和那個研究室合作的權利，卻還是得獎，非常諷刺。

由於那是我曾經全力以赴的研究，受到外界好評，我難免會感到很喜悅，原來只要認真去做，我也能達到這樣的成就，這個學會獎讓我更加確信這個道理。

可是，喜悅的另一面是痛心。我重新審視論文，發現過去的自己和正在就讀研究所的自己有著很大的落差。當我明白自己永遠不可能回到當年的我時，內心感到頗辛酸。

就算得到國際性的獎勵，也無法走捷徑進入我想去的研究室，反而招來不滿的評論。身為大學教授的父親更是挑明了說：「不管是研究所還是老師，心情都很複雜吧。」

取得優秀成果的研究生卻被斷絕往後的發展之路，這是多麼巨大的損失啊，大學方面也很清楚。即使如此，研究生在考試中摔了跤，無法進入他想加入的研究室，大學系統卻又不容許他加入。這讓我不禁咒罵起這個系統和制度。就因為這些死規則，讓我無法發揮應有的研究實力。

「我明明費盡了心血……」這樣的負面思考支配著我，即使得到學會大獎，到頭來還是沒有意義，因為我已經永遠喪失研究的熱情。

全心投入卻沒有得到應有的回報，這是我人生中從未發生的事。過去對我很友善的世界，如今卻突然翻了臉。

對於靠著熱情來追尋人生的人，沒有熱情的人生就如同索然無味的飯菜，當時的我理解到這一點。

不，當時我還沒有考慮那麼多。我就像個幽靈，執著於追尋過去的幻影，追著追著，卻不禁覺得失去希望。

有一天，我聽說了這樣的傳言：「有個學生向教務處施壓，希望能夠回去以前的研究室。」這顯然毫無根據。

聽到這話，我前往教務處，直接和教務處的大姊談判。這可是我平常絕不可能去做的有勇無謀行為。結果，當然被倒打一耙。

「你在說什麼？我們不可能會說那種話！」平日非常親切的教務處大姊，剎那間卻如鬼魅般。

那時的我，已經完全失去了冷靜。

ROUND 3

放棄研究所，邁向職業電競選手之路

我太高傲了，對自己的能力太有自信，
只想著考上研究所是輕而易舉的事，
不管在哪個領域都能用同樣的方式取得成果。
但真實世界不是這樣的。
我開始感到害怕……

我變成行屍走肉

先說結果，我無法從研究所畢業。

一如字面所述，我成了幽靈研究生，雖然進入另一個研究室，也支付了學費，但如果我在研究所一年級的那年冬季提出休學申請書，就確定日後再也沒機會回到大學。而我的確在二〇一一年三月提交了休學申請書，就在我那篇研究論文剛獲獎的時刻。

回到好久沒去的研究室，其他研究生把我當成異物來對待。

「喔，谷口，好久不見！沒關係啦，反正還有明年，下次加油就好，掰掰！」由於我整整一年沒有到我所屬的研究室露臉，難怪同儕的態度有些漠然。可是也有人表示「連學費都付了，總該好好運用吧」，聽到這話，我感到困擾……就是因為周遭所見都是這樣的態度，我才領悟到：「唉唉，這裡已經不是我能繼續待著的地方了。」

也就是在這一瞬間，我已經確定接下來將要面對休學或者退學的情況。

這麼看來，趁此機會把身分做個明確區隔吧。我心想，我已經沒必要繼續待在大學了。

研究所考試失敗後，內心充滿挫折感的我之所以還能苦撐下來，就是因為我沒有放棄過去讓我燃起熱情的那個研究。

如果那個研究能夠全部完成的話，繼續留在學校也沒什麼事情可做了。雖然論文得了獎，我卻絲毫沒有雀躍的心情，也沒有轉念展開新研究的意志，更擠不出一絲一毫去投考其他大學的研究所，再次探索當個研究學者的能量。

那時的我對大學的死硬規則感到氣憤。校方不願理解我的熱情，也沒有給我正面評價，我懶得待下去了。這麼聽來，我似乎有些孩子氣，但我拿出了熱情、做出了成果，卻得不到評價，這讓我無法理解。

然而，我對於提出休學申請書的舉動還是感到不安。一旦離開研究所，我的下一個人生課題就是「出社會」。過去那些生活優閒的朋友們，這時也開始一一上班工作了。

可是，明明上了研究所卻半途而廢，當我去參加就業活動時，該要如何辯解呢？這一定會影響我能否錄取進入公司。到了這個時刻，我已經無計可施，完全拿不出任何幹勁。所以那陣子我什麼都不做，就像行屍走肉般。

思考自己的未來，得到恐怖的答案

被重擊倒地、什麼都不想做的這段期間，我想了很多事。

我無法進入自己最喜歡的研究室，原因很簡單，就是我在準備研究所考試時過於輕忽。原本我以為自己的成果足以進入研究室，但大學的體制和系統卻擋住我的去路。

把這些事實集合起來看，其實我也明白，任何人在學生時代難免會遇到挫折。那為什麼我感受到的挫折比較大呢？為什麼我吃的苦比較多呢？對我的人生而言，這些挫折究竟代表什麼意義？我要如何才能脫離這個迷宮？我在自己那間髒亂不堪的出租套房裡，孤獨地自問自答。

仔細思考之後，我得到一個解答。

● 結果，我的腦袋沒有認真思考清楚。

● 該不會我是那種行動時「懶得思考」、「懶得煩惱」的人？

● 我的個性會這麼執著於一件事，是不是因為我抱著「只要一頭栽進去，其他問題自然會迎刃而解」的投機心態？

答案：我不自覺地離棄了以前非常投入的「電玩」，之後又失去了潛心鑽研的「研究」。結果，過去被我丟在一旁的人生煩惱，現在突然又全部衝上來把我壓住。

這樣的答案對我來說相當具有說服力。我發現周邊事物同時都在要求我做出決斷：接下來你要如何生存呢？

直到大學三年級之前，我的人生都很單純，打電玩是第一優先，念書是為了能繼續打電玩而不得不做的事。真正的優先事項，就是打電玩。只要生存在電玩世界裡，我確信我的努力可以得到百分之百的回報。在那裡，將沒有挫折與停滯糾纏著我，也不會發生打電玩打到無聊或屢屢失敗的狀況。我十七歲時已贏得世界冠軍，在格遊界裡，無人不曉「Tokido」的名號。

跑去考東大是為了讓父親開心、想得到父親的褒獎，所以這個目標沒有在心中造成任何猶豫和糾葛。恰恰相反的是，我拿東大當目標，反而能夠踢開所有的人生煩惱。

想讓父親開心而就讀日本第一的大學，應該沒有人會責備我。用功讀書對我而言從來不是辛苦的事。小學時只要用功讀書，就會得到新的電玩遊戲。準備考大學時，打電玩的經驗讓我取得了最優越的讀書技能。主觀來看，「只要有電玩可以投入，我就沒問題」。

在格遊世界裡，選擇最強的角色為的也是「消除煩惱」。當我集中精神、思考著勝利的戰略時，我希望能盡量減少「這方面有弱點」、「那裡有破綻」等煩惱，這樣打電玩就會變得很快樂，而這是最主要的理由。只要這樣做的話，就能掃除一切煩惱。不去想其他的事，只專注看著一個目標，人生的一切就會變美好。

過去的我，就是遵守這個簡單的原則活了下來。

這是相當合理而且具有整合性的想法。說是生存之道也行。也許別人看我會覺得一點也不有趣，就像我被譏諷為「ＩＱ玩家」和「冰原時代」，「Tokido」給人的印象就是那樣，和真實的我非常接近。

直到大學四年級，碰上了我人生轉變的關鍵。

後來我才明白，恩師S先生對我來說是很重要的人。遇見了S先生，讓我忘記了電玩，專心於研究，過著「沒有煩惱、專注研究的生活」。在這方面，我也取得了成果。如同我以前在電玩世界中持續取得好成績，我也用同樣的方式投入研究之中。

問題是，我太高傲了，我對自己的能力太有自信，我只想著要考上研究所是輕而易舉的事，不管在哪個領域，我都能用同樣的方式取得成果。

但真實世界不是這樣的。我能取得研究成果，靠的不是自身的力量，而是偶爾出現、充滿熱情的環境。在熱情的推動下，我恰巧遇到了S先生那麼優異的研究者，他點燃了我熱情的火種。單靠我一人，是不可能自己點燃火炬的。

研究所考試失敗、S先生的離去、喪失熱情的我，多麼希望能再一次體驗那種熱情。可是，過去從未仔細思考自己人生的我，根本不了解該如何辦到。即使玩格鬥遊戲，也感覺不到像以前那樣的愉快滿足了。

儘管如此，我仍舊注意到我想要懷抱希望，燃起熱情地生存下去。

但也因為如此，我開始感到害怕。我墜入一個無法點燃熱情的世界。再這樣下去，我將成為欠缺生存意義的行屍走肉。

既然如此，那就當公務員吧

在自問自答的日子結束後，我馬上找人商量。

假使我沒辦法破解自己腦袋裡的困擾，那麼聽聽其他人的看法、給自己增添一些新意見，這樣不也挺好？我最尊敬的S先生在我提出研究所休學申請書前，曾經為了持續研究而和我討論，當時他是這麼說的：「如果你回研究室，那我也一起去吧。」

這是多麼令人感謝的話啊，我的心情不禁有些搖擺。可是這並不值得開心。S先生過於讚賞我的能力，並沒有看清事實。當時在研究所受挫、失去信心的我，非常擔心自己其實什麼事情都辦不到。

還有，「我可以像以前那樣依賴他嗎？」這讓我心情很沉重。

再一次和S先生一起投入研究，似乎是不錯的選項，說不定我能再次找到熱情，開始專心研究的日子。忘卻任何煩惱，我應該就能沉浸於研究了吧。

即使我這麼想，心裡還是高興不起來。沒有S先生，我該怎麼辦？

在研究所裡，我已經體驗過「沒有S先生就沒有意義」的絕望心境，這點我絕不會忘記。我無法保證未來會永遠和S先生走在同一條路上，假如只剩下我自己、我一個人，到那時我該去哪裡尋找一生都能持續燃燒的熱情呢？

我知道要是沒有找到答案，我會一直如行屍走肉般。

我在提出休學申請書之前曾和父親討論過，那時我已經做完畢業研究論文，卻一點也不想回到研究室。我知道再這樣下去絕對畢不了業，該是快刀斬亂麻的時候了。就是這個時候。

「看來問題不在於研究，而是人際關係。」父親這麼說。在他看來，既然已經失去原來的位置，那就快點離開，尋找新的道路吧。我心裡也是這麼想。

我不可能走回研究生那條路，就算有一絲希望能夠重燃熱情，也只有電玩那個舞台。可是，回去打電玩……

都已經是二十五歲的人了，還抱持著「打電玩能夠維持一輩子的熱情」這樣的想法，未免太脫離現實、太不可靠了。

使用消去法，我最後選擇了「就業」。

在這方面，我絲毫沒有自信心，對社會也沒有期待。從東大畢業的學生幾乎是直接走入社會，我認為，既然東大是那個樣子，社會一定也同樣無趣吧。

抱有這種想法的我還是選定了就業目標，那就是當公務員。

這是過去的我從未想過的職業選擇，但公務員和「穩定」畫上等號，讓當時自信心完全喪失的我感到一絲心安和療癒。公務員並不會在意研究所休學，只要大學畢業、尚未就職，他們始終敞開大門。

有個穩定的工作，那不是挺好的嗎？我不再抱著更高的期待，也不認為自己還能闖出比公務員更高的成就。我這樣說服自己。

可是在此之前還有一個重要的人，我想去聽聽他的意見，那就是當時以日本第一位職業電競選手而聞名的「梅原」。

梅原宣言帶給我的震撼

日本格遊界的第一領導者梅原先生曾發出職業宣言，剛好就在我要考研究所之前。我在電視上看到這則新聞，覺得好高興，而且很驚訝，想不到電玩能在世界競賽中開拓出「職業」之路。對我們這些選手來說，那就像是個令人興奮卻又不太能看透的未知世界。

梅原先生和我現在同屬於「美加獅」旗下[8]，不過以前並沒有熟悉到能夠稱兄道弟的程度，只有在大賽中偶爾會對戰而已。

我最初意識到「梅原」這個名字是在中學三年級時。當時與我聯手組隊練習的MOV在電視上看見梅原的競賽過程，趕緊跟我說「這個人很不得了」。

從傳言中，我對「梅原」的第一印象是他「沉默寡言，個性冷酷」。雖然印象如此，但MOV當時為了自身利益，竟然想邀請梅原先生參加我們的隊伍。這是梅原先生和我聊天時提起的往事，我聽到之後嚇了一大跳。

首度對戰是在高中時代。這時印象就很鮮明了。地點是在「格遊的聖地」、新宿電玩中心「MORE」，對戰的遊戲是《卡普艾斯》。這天我的狀況極佳，保有三十連勝紀錄，一路向前進擊，可是梅原先生輕輕鬆鬆就把我擊敗了。

被打敗了。這人好強啊。我率直地想著。

---

⑧ Tokido 於二〇一六年離開美加獅，二〇一七年轉加盟於 Echo Fox 旗下。

我沒有感到悔恨，只想再次與他對戰。所以我繼續練習，希望達到梅原的等級……那種心情就像我小學三年級時被堂哥打敗時一樣。

梅原先生是日本第一位成為職業電競選手的人，不可能被人忽略。過去我從未想過要靠「打電玩來生活」，但是在聽到他的宣言之後，我突然發現這條路。

雖然那時我的實力不如他，但我不斷累積實際經驗，持續保持世界冠軍地位，所以照理說，夢想要成為職業選手也是很自然的。許多技巧精湛的玩家們一定也是這麼想：「我也要當職業選手。」「說不定真能辦到。」可是那時的我並沒有這樣的想法。

梅原的存在感在格遊界裡果然是獨樹一格。「梅原是職業電競選手，只要提到職業選手，就非梅原莫屬了。」這是毫無疑問的印象。我的腦海裡也一直停留在這個階段，雖然偶爾會閃過「我也要當職業選手」的念頭，但是要怎樣才能成為職業級、成為職業選手後該怎麼走，我對這條路的方法和展望可說是毫無概念。

一直到我在研究所考試落敗，遇上「將來該怎麼辦」這迫切的現實問題，在職業電競選手這個看似夢幻的新天地，我一時還無法連結上去。

我進入了「行屍走肉時期」，在經歷跌倒的痛苦之後，我四處摸索能夠帶來熱情火種的源頭，聽到像夢一般的新聞時，我的電玩興趣也復甦了。
職業選手，那是個什麼樣的世界呢？
靠電玩賺錢生活，有可能嗎？
突然湧現的疑問讓我想直接去找梅原先生，向他好好請教一番。

終於見到梅原

這樣的機會，突然來到了。

「你還是直接去找梅原，跟他聊一聊比較好。」一位格遊的朋友在電話那一頭，對行屍走肉般的「Tokido」做了這樣的建議。其實他和我的友情不算特別好，但我們是同一家電玩中心的夥伴，所以特別給了我這樣的建議。他和梅原先生是舊識，他把聯絡方式告訴我，讓我有機會和梅原先生約時間見面。

在一個陰雨天，我的心情也同樣陰暗沉重，我前去探訪過去從未一起喝過茶的梅原先生，心中感到很緊張。

我們約在新宿見面，一邊在街上閒逛，一邊和梅原先生聊天。

首先，傳言中「沉默寡言又冷酷」的梅原先生和實際的他差了十萬八千里。他其實很擅長聊天，我提出問題，梅原先生就能夠回答。不擅長聊天的我常常話說一半就不知如何繼續，但梅原先生會繼續接話。我們就這樣聊了二到三小時。

走到新宿南口的星巴克，我們找個位置坐下，梅原先生這樣說：「假使我有東大畢業的學歷，就不會走上（職業電競選手）這條路了。

「東大畢業後就業，也許會遇到可以讓你重新提起幹勁的工作。如果不去做做看，就不會了解到底是否合適，所以你絕對不可以拋棄『東大』的門面。」

他的話不像是出自格遊界的傳奇人物，反而像是成熟大人的解答。

這讓我感到有些喪氣。即使是綽號「The Beast」的梅原先生也是這麼想嗎？這不就和麻布及東大的同學說的一樣？照這樣看來，我似乎沒必要特地跑來見梅原先生了。

經過一陣沉默，我想聊天已經結束，該離開了。

「謝謝梅原先生的指教。」

我正打算要站起來的時候，「不過啊，」梅原先生又把話接下去。我沒能記住他說的每一個字，但訊息非常明確。他說：「如果你有真正喜歡的事物，去挑戰看看也不壞啊，畢竟人生只有一次。」

我不知該如何回應。只是深深地、慢慢地咀嚼這句話的意義。

回想起來，我在認識了梅原先生的為人之後，才了解那些話才是梅原先生的真心話。他在說了一些大人意見和人世間的道理之後總會加上一個「不過啊」，而接下去的談話才是他真正的意見，那是他真正想說的話。這一刻，才是我想聽的意見。在「不過啊」之後，我提出了好多問題，結果他回答：「你要不要回去玩你很喜歡的電玩遊戲呢？」這才是我想聽梅原先生講的話。我這時突然產生一股欲望。

想要在這個世界闖出名堂，東大畢業的頭銜算是非常強而有力的武器。在就職活動中，這個武器能發揮無比的威力。我也明白這個道理，只是該怎麼利用這個武器、去找什麼樣的工作呢？我一直想不通。

既然如此，就靠著自己喜愛的電玩生活下去也算是一種選擇吧。

梅原先生就是個把自己喜歡的電玩遊戲當成工作的人。由他口中說出「人生只有一次」，說得更清楚一點，就是「試著成為職業電競選手如何」。他在我的身上看到了這樣的生存方式，是我可以選擇的方向。雖然他沒有明說，但我感覺到他在背後推了我一把，讓我很開心。

而且我在聊天時感覺到，梅原先生其實是在尋找夥伴。這絕不是我一廂情願地胡思亂想，他沒有開口說出他的期望，但是他比任何人都更想要發展格鬥遊戲。他很希望把這個領域開拓得更大，所以應該很清楚知道，「光靠自己的力量是不夠的」。

在那個時候，「職業電競選手」根本不算是人生道路。看起來像是走錯一步就會跌入黑暗深淵，沒有人預知這條路該怎麼走。梅原先生也是其中一人，他開拓了這條道路，但是光憑他自己能撐多久呢？但如果有夥伴就另當別論了。在這段時期，我對他而言正是那個必要的夥伴，這是我體會到的。

沒有現實感的職業電競選手工作

梅原先生這番話像是楔子般敲進我的心裡，讓我對職業電競選手愈來愈感興趣。可是，把打電玩當成畢業後的工作，真的是個未知的世界。要讓這個社會承認職業電競選手是一項正常職業，可沒那麼簡單。

在心情不定的情況下，我展開了求職活動。一如前述，我打算成為公務員，想在地方自治體下的市政府找個工作。

可是我很快就停止這次的求職活動，因為我確定這項工作無法注入熱情。這不是我能否辦到的問題，而是我很明白「我根本不想做這樣的工作」。

求職考試簡單到非常空虛。當然有很多人要爭取公務員的職務，但我頂著東大的頭銜，輕輕鬆鬆就闖入最後面試。因為沒什麼幹勁，所以面試過程並不覺得緊張，就是被問到：「為什麼有這樣的學歷卻想當公務員？你大可去當外交官呀。」大概就是這種氣氛。

「先不提外交官，現在的我就連去縣廳求職也欠缺自信。」為了消除這樣的心情，「我不能這樣下去，明明完全沒鬥志，卻通過了考試。這種缺乏熱力的工作就這樣輕鬆到手，那有什麼意義呢？」首先，公務員這份工作似乎沒有我亟欲追回的「熱情」與「競爭心」。

即使是集體面試，也覺得「實在太簡單，根本是輕鬆取勝」。說得難聽點，我看著那些一起接受面試的大學畢業生，心中忍不住想到：「我將來要和他們成為長期工作夥伴嗎？」為此感到愈來愈失落。而且從那些來面試的新人臉上，我實在看不出他們是自願來這裡的。

我非常了解那種心情。安定、平穩的職場多麼具有魅力，就算將來適應了這樣的工作，但畢竟不是自己想要的選擇。我也有同樣的感覺。

再這樣下去，我會完蛋的，我愈來愈害怕，我要在毫無熱情的狀況下就這樣決定自己的人生事業嗎？假使我的工作場所中有像S先生那樣充滿熱情的人，說不定也能從那裡取得火種、點燃熱情。不過，我轉頭看看四周接受面試的人，大家的表情都是想找個穩定的工作。我想：「假如我也在這裡工作，恐怕也像是行屍走肉。」

難道我真要一輩子行屍走肉嗎？梅原先生對我說的那些話在我心裡的影響力與日俱增。

因為，「人生只有一次。」

影片上網的可能性

當我正困於求職活動的迷宮中找不到出路時，格遊界有了全新的變革，那就是網路播送比賽影片。靠著網路攝影機和收音麥克風，將對戰實況或選手採訪即時上傳給網路上的觀眾們看。

我也曾嘗試將影片上傳到網路。這在目前來看已是理所當然的做法，但我在格遊玩家之中算是最早嘗試將對戰的實況影片送上網路，而地點就是週末去打工的橫濱電玩遊戲中心。在那裡，我把自己的比賽狀況從現場透過網路播送出去。

第一次的實況直播，我的內心有些恐懼，因為除了電玩中心裡的客人之外，網路上突然冒出了一千名來自各地的觀眾。而且播送次數愈多，累積的觀眾也愈多。這就像能夠「互動」交流的電視機，當我們開始進行直播時，觀眾也能在畫面上回饋他們的反應和意見。得到觀眾方面的回饋，播送方就能立即調整影片的播放角度，讓它更符合觀眾的需求。這種傳播方式感覺就像作夢一般。

影片上網並不只限於電玩大賽，即使不是比賽，也能在網路上獲得許多來自觀眾的迴響。從此以後，不見得只有「大賽的勝利者」受到注目，平常磨練技術用的練習賽也能作為網路直播的商機。我想，這應該是個很值得摸索的方向。

更重要的是，我們的對戰實況竟然如此受到歡迎，有那麼多人開機觀賞，這種現實的手感令人喜悅。我把打電玩當成我的樂趣，而觀眾也看得很高興，這表示影片上網有著極高的價值。

過去的我唯一目標只有強化自己、贏得大賽冠軍，但現在不只大賽會場內有觀眾，會場外頭也能透過網路觀賞影片，而且有好多觀眾支持我們的現場競技。

影片上網可說是格遊大賽的重要武器之一。在網路播放盛行以前，美國的格遊奧林匹克「Evolution」大賽，一直是最受粉絲們熱愛的現場競賽。可是網路直播普及後，就能體驗到世界各地格遊大賽同樣的觀眾熱情了。

那一年，法國、美國、澳洲都邀請我參加當地舉辦的比賽。由於求職活動大致上已經結束，我把接下來的時間留給海外大賽。這三個國家的大賽規模都非常驚人，由於招聘了各國的頂級玩家，賽會也對影片網路播放寄予厚望。

算一下賽會的大小，還有參賽玩家的人數，「EVO」應該算是世界最大規模這點沒有改變。可是加上網路播放之後，其他賽事也能和EVO「平起平坐」。畢竟，在場上對戰的都是世界頂尖玩家，任何比賽都會一樣精彩，而且世界各地的粉絲都能上網觀看比賽實況，不管是一百人的社群還是五百人的社群，透過畫面往來傳遞的興奮程度都相同。

另外，多虧有網路直播，即使是小規模競賽，也能獲得全世界觀眾的支持。

因此，勝負的獎金大幅增加。

即使如此，我還是沒有下決定要成為職業選手。我仍然會到海外參賽，也確信「這個業界在未來有很大的發展」，但是等我一回到日本，又變成了普通的社會人。

「如果能維持這樣的狀況，當個公務員似乎也不錯。」我這樣自問自答。畢竟公務員是個穩定的職業，我一定能通過最終的面試。而職業電競選手則是隨時要上山下海，我不知道會不會有前途，對我來說，能把電玩當成娛樂已經很開心了。

如果維持這樣的狀況幾個月，我恐怕真的會選擇正規的就業。

然而，終究我趕上了，成為職業電競選手的那道門，在我面前開啟了。

夢想就在眼前，心卻在動搖

二〇一〇年九月，接近公務員最後面試的時候。

我在電腦的電郵裡看到一封英文信，而且我不認識那位發信人。我想「又是搞怪信嗎？」點開來看看，發現是工作的邀請函，是由美國服飾公司「旅行馬戲團」（The Traveling Circus, TTC）寄出的郵件。

這件事來得有些突然，事實上是一封「職業選手合格雇用通知信」，似乎是因為我在海外電玩大賽贏得不錯的成績，得到美國企業的青睞。

我心中有些雀躍，「原來工作的邀約會不請自來！」但不可思議的是，我非但沒有感到高興，反而因為這個突然降臨的機會讓我內心開始動搖。

我試著尋找讓我猶豫不前的原因，其中之一就是契約的條件並不是那麼滿意，只有那一家贊助商，我恐怕賺不到足夠日常生活的收入。如此一來，我的人生規畫將會是一片迷濛，無法看到遠方。

在法律上，公務員禁止從事副業，所以想當公務員，就會和職業選手相牴觸。理由之一，我是個一頭朝著目標往前衝的人，就算不當公務員，其他職業恐怕也不允許我身兼兩職。

另一個理由是我花了很長時間說服自己「當公務員其實不錯」，如果突然改變心意，豈不等於踩自己的腳？

「雖然那是個無須熱情就能執行的工作，但是上班穩定、薪水優渥，很多人都很羨慕。如果我能持續工作下去，說不定會發現這是值得發揮熱情的工作，沒什麼好覺得不滿的。這樣應該可以理解吧。」我這樣勸自己，好像在強迫自己接受公務員的工作，而且漸漸地就快要說服成功了。

可是……就算我真能說服自己……

說真的，當職業電競選手的夢想變成真實的瞬間，我反而煩惱著「這下子要考慮的問題變多了」。夢想愈是逼近眼前，其缺點也愈來愈明顯。將來的生活會變得如何，真實的不安感纏繞著我，讓我很難立刻做出抉擇。

最終的決定

那時我選擇了一個行動，就是「諮詢」，這是最有效率取得結論的方法。只要我蒐集足夠的資料可以判斷，那麼我和愈多人「諮詢」，效果就愈好。當時我找了十個朋友談談我的出路。

凡是穿著西裝革履、出社會工作的熟人和好友，大致上都反對職業電競選手這條路。這方面留下的記憶不多，因為大家都是直接否定。

「我是不太懂啦，不要去比較好吧。」「好不容易從東大畢業耶。」「會不會太不穩定了？」意見大致是這樣。就連了解我的脾氣、知道我對電玩懷抱的熱情的麻布或東大電玩之友，他們也感嘆地說：「雖然很不錯，但是真有必要把電玩當成職業嗎？」

在我看來，意見似乎都很平凡，或者說，正常人都會這麼想。

唯一給我「那就試試看啊」這個意見的人，是研究所裡的前輩。我沒有繼續走研究所那條路，但是她看到我行屍走肉的模樣，曾經詢問周圍同學們：「他這樣沒問題吧？」她是極少數關心我的人之一。她給我的意見是：

「從東大畢業後成為公務員，不見得非得要你才能辦到吧。

「東大畢業後就業，就算沒有特別想要出頭，也該想想有什麼是『非你不可』的工作。」

她給的意見既嚴苛又溫暖。雖說東大畢業是一項武器，但社會上的東大畢業生早已多到如過江之鯽那樣普遍。每年都有大批東大生成為社會新鮮人，東大的招牌也只有在求職時才有用處，不是嗎？嗯，從這個角度來想，倒也言之成理。

接著，我諮詢的對象是我的父母。我向他們解釋電玩業界的發展之後，最後篩選出兩個方向：職業電競選手或公務員。聽到我想成為職業電競選手的想法之後，父親很爽快地說：「隨你喜歡吧。」接著他說出了很有趣的建議：「我是不太了解電玩這個產業，假使會如同你的預料朝那個方向發展，那麼你活用『東大畢業』的名號應該會引發足夠的影響力。」

這真是令我大吃一驚。拿我的東大名號到電玩世界，這是我未曾想到的創意。在此之前，我打電玩時使用「Tokido」為名，在東大念書時以「谷口一」為名，腦袋很自然就把兩者區分成兩個身分。但父親的看法說不定是正確的。

並不是只有當電競玩家才能靠格遊賺錢掙飯吃。舉例來說，電玩業界還在繼續發展中，需要巨大的營運組織，我先一步進入這個產業，也許能成為站在前方的領導者。正因為我是東大出身，我的意見和貢獻說不定會受到重視。

若以這想法為前題，就算我成為職業電競選手，我進東大讀書、在東大學到的東西也絕不是毫無價值。除了「一般就業」之外，我過去的努力同樣可在其他領域派上用場。想到這裡，我開始雀躍起來。

之前我提過，我收到美國企業的就業徵詢信件，從那一刻起，我的「心」其實已經偏向職業電競選手這條路，我的「腦袋」卻拚命想找出最安全、最穩定的方案。當我找局外人諮詢時，我的「心」直覺否定了那些追求穩定的意見。

我終於決定了。

感受到湧現的熱情點燃生命快感的我，只能在讓熱情發芽的地方生存，我不能忽略「心」的聲音，硬要去適應那個我只能當行屍走肉的世界。

當時我向還在進行中的公務員就業活動發出辭退最後面試的信件，因為在我決定成為職業電競選手的瞬間，我直覺「這個判斷是正確的」。猶豫浪費了我不少時間，只有全心全意投入沸騰中的格鬥遊戲界，才能盡快找到熱情。下定決心後，我打從心底感受到雀躍與喜悅。

將來的格遊界會如何發展呢？我又會在其中擔負什麼任務？我能提供多少貢獻呢？……我感覺到這一切都掌握在我的手中。

從研究所入學考試以來，我深深感覺到制度的束縛，受到這個制度緊緊束縛的我，根本無法發揮才能，我因此感到絕望。可是，換成電玩世界的話，我絕對有機會創造出屬於我們的制度。

我心想，我能夠達成任何事，在我熱愛的事情上沒有辦不到的。而且，我需要的都在我心中，心就是我的明燈、我的火種，誰都拿不走，也不會熄滅。我就試試看吧，當個職業電競選手。

那是充滿熱情的地方嗎？

「都東大畢業了，為什麼跑去當職業電競選手？」

這個問題不知被問過多少次，我有時會試著反問對方：「如果您東大畢業了，想做些什麼呢？」

醫生？律師？加入一流企業？通常是這樣吧。之後，會在那個職業裡穩定工作，度過一年又一年。從這個角度來想就會了解到，即使是東大畢業，但如果不是對某個工作抱有特殊的熱情，是不會冒險選擇其他職業的。

超級賺錢的工作、穩定的工作、華麗的工作，在求職者心目中排行前幾名的企業，都和這幾項誘人的「形象」脫離不了關係。可是就算找到那樣的職業，如果想要讓那個工作符合自己期待的「形象」，最終還是得靠熱情才行，我是這麼想的。

我打的電玩遊戲類型是講究合理性的，讀書時也很注重效率，做實驗時也是模仿打電玩學來的應用技術，因此我以為人生的一切事物都是合理的，會按照我所認知的規則來進行。

可是，就在我以為自己是依照合理、有效率的步驟向前發展時，卻發現腦中出現了錯誤。為什麼會這樣？明明不是水準多高的研究室，我卻沒辦法做出結果。為什麼我考慮種種因素後所想出來的就業目標，卻令我感到相當恐懼？

「邏輯」與「合理性」都需要熱情才能產生。一個人要是沒有熱情，那就別想萌發出什麼成就了。

我在親身體驗中了解到這一點。在電玩中，想要合理地擊倒對手，就得拿出必勝的意志，無論如何都想要贏、想要嘗到勝利的快感。正因為有了熱情和競爭之心，加上徹底累積了邏輯法則，那麼勝利的機率就會提高。

讀書也是，我心裡想著「一定要好好讀書，這樣才能打我最愛的電玩」，就能在短期間內取得很好的成果，顯示這是有效率的做法。做研究時也是如此，看到充滿熱情做研究的先驅者，我也跟著點燃熱情。因為有熱情，才能把以前打電玩所學到的技能和應用法則運用在研究上面。

我的合理性源自於我的熱情，只有從熱情中萌發的合理性，才能把我導向成功與成就感。所以我選擇了能讓自己點燃熱情的工作，選擇那個需要有熱情才能繼續的世界。

走在前人從未開拓的陸地上或許會非常辛苦。下一章將會提到，接下來的我幾乎快被熱情所萌生的合理性給吞噬。

另一個狀況是熱情之火會自動消失。這不是必然，但是有可能發生。

不過在電玩世界裡，有梅原先生當領袖，還有一大群能力超凡的選手跟著他學習。而我接觸格遊也二十年了，能夠清楚看到那些選手的優秀之處。有些人在不打電玩時看似挺沒用，然而一旦進入對戰，他就會發揮出超人等級的戰技，把對戰的對手狠狠撂倒。

這和天生的才能與教育無關，也和學歷與社會地位無關。在那個玩家們聚集的世界裡，每個人都有獨特的熱情，衍生出美妙的技藝，贏得全球觀眾的喝采。這就是那樣奇特的人們所聚集的世界。

只要和他們在一起，當我的熱情之火稍有減弱時，他們一定會分一些火力給我。這是毋庸置疑的。

以前，大學的老師曾經說過：「在過去，日本航空是就業首選的公司，但卻經營失敗，真讓人意想不到。換做是現在，公共設施、東京電力公司的工作反而更穩定。」

然而，二〇一一年發生的東日本大地震和一連串災難，對親身經歷過的我們而言，簡直就是一個讓人笑不出來的玩笑。相較之下，職業電競選手倒像是很穩定的工作。其實，在所謂的穩定的工作和職業電競選手的工作之間，不管選擇哪一個，都不可能預料未來的發展。既然如此，就把派不上用場的理論先放到一邊，好好想一下選擇哪一個工作比較有趣味吧。

ROUND 4

成為職業級之後，熱情勝過理論

在我逐漸累積練習經驗後，
慢慢地，我知道了別的選手能夠強大的線索。
過去的我太想要獲勝了，才會專門練習致勝的招式。
但有些和勝利沒有直接關聯的招式其實藏著變強的理由，
而這是我學到的新觀念。

賣T恤賺錢

「Tokido 那傢伙，沒問題吧……？」

帶著滿腔鬥志和熱情加入職業電競選手世界的我，在剛起跑時似乎衝得太快，引來周圍格遊好友擔心，這是最近我才知道的事。

相信透過本書認識「志得意滿的 Tokido」和「得意忘形的谷口一」的讀者們，應該能夠想像那是什麼狀況吧。

當時的我剛走上初期的職業電競選手之路，滿腦子只想著要闖出一條路，對其他問題並沒有考慮太多，不管是什麼事都會去做。那時候我最需要的是力量，掌握方向的事變成了次要。究竟職業電競選手是什麼樣的工作？這個問題我連去想的時間都沒有。

就拿販賣T恤的例子來說吧。「旅行馬戲團」（TTC）是為我打開通往職業電競選手之門最早期的贊助商，他們的恩情我永遠銘記在心。但老實說，對方是大海另一端的美國企業，我們對彼此並沒有了解很多，單純只是契約關係罷了。

他們承諾，凡是我想去參加的比賽都會送我去，這樣的任務我當然非常樂意接受。但這個美國服飾企業在日本並沒有分公司，所以我想把在日本可以進行的工作全部攬來做。他們製造的服裝與飾品全交給我打理。有一天，突然有個塞滿T恤的大瓦楞紙箱送到我家門口，告訴我「麻煩您了」。

這就是贊助商提供的工作嗎？紙箱裡裝滿了美國規格的M尺碼T恤，對日本人而言會不會太大了？日本民眾有需求嗎？不過我一旦下定決心就會全力以赴，完全不左顧右盼，只會朝正前方爆衝。

好，就來賣T恤吧。我把最初的一批庫存放在部落格上販售，沒多久就賣光了，這是所謂的網路販賣。由於當時沒有人願意幫我，所以接到訂單後得自己打包、寄送，我還特地在電腦上設了一套線上付款系統。

因為第一批寄來的T恤很快就賣光，於是我跟公司聯絡，告訴他們「貨已售罄，請追加數量」。但遲遲沒有收到回音。……奇怪，這是怎麼回事？

贊助商使用肖像來印製T恤，由擁有肖像權的本人來販售，這樣到底是正常還是不正常？雖然「我不知道職業電競選手究竟是什麼工作」，但是「賣T恤」實在有點超乎想像。

即使如此。

我還把送到手邊的商品帶到電玩中心，親自向裡面的顧客兜售，而且開心地接受簽名的邀請，就連寫英文信件和贊助商溝通這件事也覺得很有趣。不過，包括調整合約內容在內，用英文溝通可不是件容易的事。有些合約用詞即使用日文都不容易理解，更何況要用英文，說不麻煩是騙人的，還很花時間。儘管如此，我還是孜孜不倦地去做，因為這是我該做的事，而且樂在其中。

再讓我多做一些吧，我什麼都願意去做。這是我當時的心情。

因為這些都是我想一肩扛起的事。

嗯，在這個階段，好像我做的都是一些稱不上工作的工作。

沒薪水就去參加大賽賺錢

說是職業，卻沒有什麼像樣的工作，而且完全沒有薪水，要靠自己去賺。我的工作不是月薪制，合約裡也訂定了「參加大賽的交通費與相關經費由公司全額提供，其餘費用須自行負擔」這項條文。

所以，我最想得到的就是大賽獎金，但這是很不穩定的來源，因此我一面工作，一面探尋更多的贊助商。除了服飾廠商之外，要是能得到電玩遊戲周邊器材廠商的贊助，就能得到足夠的金援，這是我思考的戰術。

我尋找的贊助商第一候選是「第一人稱射擊遊戲」(First Person Shooter, FPS，能以玩家自己的視角四處移動、攻擊的射擊遊戲)。FPS的歷史比格鬥遊戲更為悠久，早已是非常成熟的企業，想當然耳，企業經費相當充裕。「請來投資我吧！」我向海外非常知名的FPS競技隊送出了申請郵件。

貴公司對格鬥遊戲贊助有興趣嗎？當年僅四十名玩家對戰的「Evolution」，現在已成為上千名玩家熱烈參與的大型活動，從網路收看賽程的格遊粉絲人數攀升到數十萬人，未來一定還會再增加……

我在信上這麼寫。當然，我沒忘記附上自己的戰績，並且保證會持續成長。電郵最後署名「Tokido」，旁邊再寫上「谷口一」。

從這時開始，以東大為目標、長期追求合理與效率、過著順暢人生的谷口一，終於和為了戰勝而在電玩中注入全部熱情的「Tokido」合體，一起向前邁步。

有趣的是，我這有勇無謀的猛衝營業法受到幾家大企業與組織的賞識，表示願意提供贊助；我發信給十幾二十家企業，回覆率還算不錯。

既然回應不錯，我應該好好挑選適合的贊助商。雖然各大廠商都提供了不錯的條件，但是內容和最初的贊助商「TTC」有很多重複，比方說，TTC是知名品牌，所以我理所當然要穿這個品牌的T恤。可是，這次談的是電玩展的商機，贊助商同樣會要求我穿著印有他們商標的T恤上場。

我試著用各種方式說服多家廠商，例如T恤穿的是TTC的品牌，耳麥則配掛其他品牌的產品，這樣就能同時替多家廠商做廣告了。可惜的是，現實並沒有那麼單純。

包含做生意這方面，我還真的累積了不少經驗。

命中注定的「美加獅」

忘記了那個喪失熱情、宛若行屍走肉的大學時期，我重新恢復了喜悅和勇氣。我對研究生和公務員已經毫不留戀。我的個性就是這樣，過去的事就不會再耿耿於懷，這樣的個性偶爾也有好處呢。

一切由自己來的這種感覺真的很過癮。沒有阻撓我的人和制度，贊助商遠在大海的另一邊，而我的營業範圍則遍布國內外各地，我感覺自己就像要前往廣闊的大海四處巡遊一樣。

我在職業電競選手的初期遭遇到的種種混亂，幸好在專心投入的心境下跨過了障礙。我不知道哪裡會有陷阱等著，但總該有人去衝鋒陷陣吧。

就在和最初的贊助商簽約後半年，大約在二〇一一年六月，「美加獅」派人來跟我談簽約。

這麼大的贊助商拿著合約前來，我當然二話不說就答應。其實四月才成立TOPANGA經紀公司的豐田先生告訴我這個好消息時，我簡直不敢相信。

「真的嗎，那麼大的美加獅找上我？」

說到美加獅，號稱電玩遊戲界的恐怖大魔王，是美國一家專門製造電視遊樂器搖桿的大廠商，梅原先生也是隸屬於這家公司。

對於熱心投入電玩職業的我，美加獅彷彿遙不可及，根本不可能有機會和他們接觸。美加獅等同於梅原先生，梅原先生等同美加獅，在職業電競選手這個領域也一樣，梅原先生的地位就是那麼偉大。

那麼遙不可及的美加獅，居然找上正四處尋找新贊助商的我，這真是太夢幻了……

那天在新宿會面之後，偶爾會與我聯絡並吃飯、一起打電玩的梅原先生，見面時總會不經意地問我現在的情況怎麼樣？贊助商有無問題？雖然他沒有明說，我知道他一直很關心我。

現在回想起來，他大概是看到擔負著服飾廠贊助商的重任、拚了命去賣T恤的我，內心感受到一股說不出的沉重，不免替我擔心：「這傢伙沒問題吧？」

終於，我能夠和梅原先生站在相同的台階上一起戰鬥了。我當然毫不猶豫就簽下了贊助合約。

電競玩家的工作是什麼？

就這樣，我接受美加獅的贊助，並且加入 TOPANGA 經紀公司，正式以職業電競選手身分出發。雖然梅原先生、豐田先生和我所走的路線不同，但至少我們是站在同一個台階上努力著。

從此以後，不能單純以玩家身分在江湖走跳，而要以職業選手的身分認真投入各項活動，在格遊世界裡當個活躍的玩家。說到活躍的玩家，不少業餘人士也是其中之一。那麼，職業和業餘的差異究竟在哪裡？我想，應該是「會放多少心思在這個產業的未來發展」。

其實，職業人士都毫無例外，會對自己生存的這個產業投注所有的力量，不斷摸索著自己能夠有多少貢獻。倘若產業無法發展下去，自己也無法長期當個玩家了。

至於貢獻的方法，倒不是侷限於當個活躍的「玩家」。我隸屬的TOPANGA經紀公司是負責幫玩家安排活動、營運各種企畫的事務所，工作內容包含網路影片播放、培育後進玩家、為新遊戲思考內容、經營電玩遊戲中心等，他們會依照每個玩家的特性，尋找適合的活躍場所。

而我不僅想當電玩選手，還對推廣電玩業的組織營運感興趣，畢竟我本來就希望玩家能夠受到社會的評價，讓玩家走向職業化。所以，我的任務就是以玩家身分在比賽中持續獲得勝利。

平常多推銷精彩影片、吸引更多玩家和粉絲對於格遊的興趣、增加格遊界的「分母」數量，這才是發展格遊產業最簡易又強力的推動手法。

讓格遊的趣味更大眾化、向一般民眾傳達電玩的魅力，是我們這些電玩玩家的專長。不管是哪一款電玩遊戲，都有專門的開發人員。有了他們，才有我們。不過這些開發者在開發的過程中，卻不見得能充分表現出電玩遊戲的魅力。這時就需要有我們這些玩家，才能把電玩的趣味呈現在觀眾眼前，甚至超越開發人員的意圖。就像之前提到的樂高積木，角色的一個個技能就是「積木」，而決定「積木」的形狀是由開發人員設計完成，但實際將各種積木組合起來、讓角色的動作帶有意義，則是我們玩家的工作。

玩家可以發掘出開發人員想像不到的技能。「真想不到，竟然有這種戰法！」開發人員常會因此而驚訝不已。他們的腦海中不禁想到：「如果製造出這樣的積木，玩家會怎麼運用呢？」這刺激了他們的想像力，開發出新型的積木。

對我們而言，電玩遊戲製造廠商是產業發展不可或缺的合作夥伴。不過，我們並不是完全照他們原始的構想去打電動；每個玩家都各有特色，會表現出電玩的趣味之處，讓格遊向前進化。

只有我們玩家才了解的魅力，使得格遊持續發展，日益擴大。

而我則以累積冠軍次數超過任何玩家為目的，在這個產業工作。

Momochi 的逆轉勝

身為玩家，我要求自己勝過任何對手，這是我證明自己的方式。既然掛上職業之名，我心中最先想到的目標就是持續累積勝利的次數。

只有「勝利」，才是職業電競選手「Tokido」的作風和存在意義。

但凡事都有例外。就在我成為職業選手之後不久，發生了一件事讓我對自身的強度產生懷疑。那是個預兆，在決定性的時刻發生。

冠上職業選手的名號以來，我始終保持著一定的水準。我花了更多時間在打電玩、參加大大小小比賽，贏得冠軍的次數也著實累積當中。可是在這一切的背後，我卻感覺遭受到阻力。

隨著格遊社群的壯大，高水準玩家們的數量也隨之增加，這是我大學時代剛闖出名號時所難以比擬的規模。結果，過去我能輕鬆獲勝的電玩大賽，如今想拿冠軍變得愈來愈困難。簡單來說，就是各地的電玩大賽出現了許多厲害玩家，導致我在對戰的關鍵時刻不一定能贏得比賽。

一開始，我故意逃避去面對這個事實。我不願承認「過去我所累積的成功法則愈來愈吃不開」。

我被打敗絕對只是偶發狀況。我是不會出問題的。就這樣，我一直在比賽與比賽之間欺騙自己，假裝一切沒事。

可是騙得了一時，騙不了一世。二〇一三年年底，慘敗的時刻終究還是到來。

那是在「TOPANGA聯賽」中發生的事，當時正在舉辦A聯盟與B聯盟的升降賽。A聯盟地位較高，B聯盟較低。升降賽就是各聯盟選手在基本規定下，隨便挑選對手對戰，落敗者會降級到B聯盟。A聯盟的前幾名不必打升降賽，而B聯盟的前幾名則無條件轉進A聯盟。

一開始我從B聯盟出發，必須花許多時間對戰才能晉級到A聯盟，情況較不利。打了幾戰之後，我遇到的對手是住在名古屋的職業電競選手「Momochi」⑨，對戰的遊戲是《快打旋風Ⅳ》。以我的立場來看，這是我絕對不會輸的比賽。

我花了很多時間練習，累積了堅強的實力，照道理，成果會反映在十勝制的比賽中。假使輸了，我也沒有藉口。

比賽開始後，我從布局階段就順利累積勝利的次數，很快地達到六比一的領先成績。在此之前，一如我所預期的，是一條輕鬆的勝利之路。

但是我所操控的「豪鬼」卻突然大逆轉，敗給了 Momochi 的「肯」（Ken）。

從格遊玩家的經驗來看，十勝制的比賽中已經取得六比一的懸殊差距，等於是勝利在望。領先者在接下來的兩局中，就算輸掉一局，以比數來說，還是鐵定會贏，這是心理優勢。但要是發生大逆轉……勝場較多的領先者必定有什麼「該做而沒做的事」。

認清自己的膚淺思想

什麼是「該做而沒做的事」呢？

⑨ Momochi 本名百地祐輔，是知名《快打旋風》職業選手。

我在比賽之前的演練過程，簡單來說就像這樣：

由於肯這個角色能在這樣的局面創出這些招式，因此我手中的豪鬼要怎麼行動、用哪些技法對抗都是練習的重點：先防守住肯的突擊前踢，然後用豪鬼的蹲下跳躍攻擊，對肯進行反擊……

思考出這些對戰模式之後，我會請其他操控肯的選手和我對練，並且反覆練習技能直到熟練為止。只要做好上述準備，應該就能應付肯的所有攻防動作。

拿讀書做比方，我只要熟悉如何用「公式」對付考題就很滿足了。我以為自己對於肯拿出的招式都能對應反擊，所以就很放心，但電玩終究是電玩，和學校考試差別很大。

電玩遊戲中對戰的對手是操控角色的真人。我在對戰的是角色後頭的真人操控者，而既然是真人，光靠公式是贏不了的。這就是我的誤判。當時我沒有想到公式派不上用場的可能性，所以完全沒去思考萬一公式失效時該如何處理。

「這樣打過來就這樣擋回去，必定會造成肯的重創。」我的對戰準備就只有這樣。可是如果 Momochi 看透了這一點，知道怎麼展開下一波攻勢呢？萬一我的招術對他不管用時又該怎麼辦？

這就是我該做卻沒做的事。肯使出A招式，我用B招式反擊，但Momochi早就準備了C招式來迎擊，我卻從沒想過用D招式對抗C招式。

這就是我膚淺的地方。

和Momochi對戰到終局時，我的劣勢已經非常明顯，而我卻還在使用同一個招式，一再揮棒落空，醜態畢露。「只要能夠擊倒對方一次，就能連續打擊（一下子擊倒對方，然後趁他起身前，立即連續猛攻），這樣我就能贏了。只要擊倒對方一次就好……」我這麼想著，持續朝對方猛攻，卻遭Momochi一一化解並且反擊。

有勇無謀的我就像是掛著職業頭銜卻丟人現眼的蠢蛋。

Momochi早已經看透躲在豪鬼背後的我是什麼樣的人。

我戰敗的原因在於「可以打開的抽屜太少」，也就是準備不足。

跳出「很強卻很無趣」的牢籠

說穿了，我的戰鬥手法就是「製作一個絕對會贏的模式，把對手壓著打」。

以前的我就是用這招拿下好多場勝利，我認為這是非常強力的「公式」，對付大多數的玩家，這個戰法總是攻無不克。

可是，我的這個戰法冒出了一個能夠對應的玩家，那就是Momochi。

我很認真地練習各種對策，卻沒想到「萬一那招無效時該怎麼辦」。為什麼我沒想過這個問題呢？

「要是被擊敗，到時候再想就好。」我就是這麼驕傲，因為能夠對應我那無敵公式的人真的屈指可數，所以才會天真地以為等到被擊敗時再去思考對策，也等於是停止了思考。如此無謀、膚淺，當然會遭到電玩夥伴們嘲笑。

「Tokido 很強，但是也很無趣。」

仗著理論橫行天下這套是行不通的，一旦被對方摸透、反擊，就玩完了。

仔細想想，作風和我完全相反的玩家還真不少，隨便舉例就有好幾個，比方說Momochi和梅原這些厲害的玩家，他們運用彈性化的想法不斷衍生出創意，引發會場觀眾們熱情沸騰，有時甚至會利用想像力，發展出超越觀眾所能預料到的奇特戰法。

至於我，則是不打不成器的典型。

在我持續獲勝時，我非常固執於自己的做法，畢竟舊的做法用得好好的，實在沒必要改善。而且我深信維持現狀是最保險的，所以也不想去嘗試錯誤。等到我突然察覺自己的做法行不通時，心情便陷入混亂之中。

我的長處和短處其實是互通的。如果說一頭栽進感興趣的事物算是我的長處，那麼鑽研太深卻忘記更重要的事物則是我的短處。這時我才有點覺醒。

原來如此，A招式必須用B招式來對付才有效；這個理論在發現的一百年後，我會照舊練習老招式。至於B招式是否會被其他招式擋掉？我根本懶得想，就像我立志要考東大後就全心全意衝刺，從來沒想過萬一落榜該怎麼辦。這兩者有著令人害怕的共通性。

我在全世界各個頂級電玩大賽中，贏得冠軍獎盃次數最多是我最引以為傲的事。就我所知，能像Momochi那樣想通擊敗我的戰法的人，全球恐怕只有三個人。不過，往後這樣的玩家會愈來愈多，毋庸置疑。

身為職業電競選手，我的勝利次數多過任何人，當然不可能默默看著尚未出現的對手不斷進化，而自己卻在原地踏步。再這樣下去，我就無法再贏得勝利了。

想要持續勝利，我就必須改變我的舊戰術，這是絕對錯不了的。我想通了這一點。

可是，要怎麼做呢？

趣味與強弱的關係

先爆料給大家好了。

之前我提到我的戰法「很無趣」，起因是我的思維很「膚淺」。Momochi的強大要比我寬闊很多。他參加電玩大賽時，本人就充滿趣味，會讓觀眾們跟著興奮起來。不用說，像他這樣的選手一定會吸引許多粉絲。

至於我的比賽，常被人們批評為「無聊」、「看得出來很強，卻很無趣」。以前，我對這些意見自有看法，「只要被群眾認定為強大，就符合我原本的期待。（或者該說，我已經在勝負的世界中戰勝那麼多次，不明白你們評論我無趣的用意何在。）」

可是，等到我被擊敗，我的看法就變了。

拿足球來打比方吧。有些球隊的性格和我很類似，防守非常強，如果先以完美的隊形率先踢到一分，接下來的賽事就一路守到結束吧。這也算是一種取勝的戰略，但是看在粉絲眼中，會覺得這樣的足球隊「雖然很強，但是欠缺趣味」。

另一方面，有些球隊無視於理論，即使發生失誤或失分，觀眾看著卻覺得既緊張又有趣，就像在看無法預知故事結局的連續劇一般。

這就是兩種極端。過去的我始終無法理解觀眾們所說的「有趣」的對戰。

「咦？對手在做毫無意義的反抗，你們看不出來嗎？是否該運用更有趣的戰法？雖然到頭來還是我會贏，你們還要支持他嗎？」

……勝利的時候才是最快樂的。

簡單來說，在我心裡，「有趣的戰鬥法」和「強大的戰鬥法」完全無法連結在一起，這是我的嚴重錯誤。

思量很久之後，我才發現自己眼中的電玩對戰，「只不過是在寫作業罷了」。

遇到這種局面，就要使用這個技法；對手見到我的技法，會這樣子反擊。因此在預先練習技法時，我必須以零點一秒為單位，確實無誤地練到完美。我必須累積大量的「勝利公式」，然後不帶情緒地去執行，就像機器一樣。

倘若跳脫了公式，就會脫離勝利之路，一切都沒意義了。

這樣的戰法只要練到極致，必定能得到一定的效果，尤其照著這個方式開始對戰後，我應該可以比任何玩家更快達到八十分的層級。公式的存在價值在於「能以最輕鬆、最快的速度解決問題」，當然可以幫助我盡快達到目標。我就是靠著熟練各種公式的技能，迅速壓倒其他對手。

可是，這樣的對戰方式留下了陷阱。這個陷阱非常單純，就是：用功學習公式，任誰都能練得一身好功夫。

我能夠比別人更快取得八十分，可是過些時日，其他玩家也可以練到超越八十分的水準。這麼一來，「為了大勝利而累積的公式」，就再也不是獨一無二的優勢了。

或者可以說，我的戰法已經轉變成教科書，有人想學的話就能夠學會。如果想以較少的努力得到高效率的成果，那麼我的方式的確接近最好的方法。大家把我的對戰戰法命名為「Tokido 式」，聽到這麼多人學習我的技能，我當然覺得很開心，但這也表示別人遲早會追上來。我的強大其實是有賞味期限的。

我再不想出別人學不會的招術來增強自己的力量，很快就會被超越，無法繼續贏下去。可是，有什麼是別人學不會的招術呢？

沒人能比得上的練習時數，這算是個像樣的答案。至少我多年來都是這樣在累積自己的實力，所以錯不了。那麼，有其他答案嗎？我又忍不住想著。

有什麼是無法從理論中產生的呢，那樣就很難被模仿了。至於「有趣的戰法」能帶來「強大」，這我不太能理解了。所謂「理論」，換個方式說就是「理所當然」，理所當然的努力，不見得能夠造就理所當然的玩家，也無法取得理所當然的結果。為什麼我這麼肯定？因為使用理所當然戰法的我，也確實敗給了使用有趣戰法的玩家。

朝著八十分以上努力

由於我會因應對手選擇參加不同種類的格遊競賽，在大賽中也能取得不錯的結果，所以被人稱為「多類型玩家」。

比較常參加的遊戲是《快打旋風IV》和《拳皇13》，但並不侷限於這兩款，只要是格鬥遊戲，我幾乎都能上手。有時參加一場大賽，打入其中五款不同的格遊，結果一次就拿下五項冠軍盃。這也就是我為什麼敢向大家宣告，我累積了

「世界最多優勝次數」的緣故。

而支撐我一直獲勝的，正是那個阻撓我的瓶頸「為了贏而準備的公式」。

在格遊界這個需要花很多練習時間的環境，能夠像我這樣同時操控多款電玩的人算是比較稀少。如果有人也想和我一樣爭取勝利，這倒是個不錯的方式，因為在某種電玩中學到的知識，其實有不少可以拿去運用在其他電玩中。

就拿《拳皇13》來說，我學會了大多數《拳皇13》玩家所辦不到的獨鬥戰法，其中有些是《快打旋風IV》裡非常普及的格鬥招式，例如「倒地猛攻」，即先把對手打倒在地，在他還沒起身之前立刻發動連續攻擊。如果招式能夠打得很流暢，就能一口氣造成對手大幅損傷。把這個快打的慣用招術拿到《拳皇13》的賽場上使用，大家會發覺，原來也能發揮相同的效果。

另外，訂定戰術的過程也可以應用在其他格遊中。

《快打旋風IV》是一款真實反映出電玩研究者努力開發的遊戲。我操控的角色和對手的角色在數據方面有什麼不同，都是可以調查出來的。那麼，在什麼樣的狀況下使用什麼樣的招式，能夠提高自己的致勝率呢？答案是建構自己特有的戰法。因為我熟悉了這些格遊的特點，所以能盡快尋找出威力最強的招式，就像剛才提到的。

在《拳皇13》，像這樣懂得運用其他遊戲招式來培育招式的玩家人數很少，除了要理解每個遊戲的知識，還要把基礎招式練到最快。只要正確看清各款遊戲的特性，就能思考格鬥的過程了。

而我的攻略法能讓這些招式得到更優異的效果，因此能在短時間內迅速晉升到日本最高等級，這是我的強大之處。

我一面搜尋最短距離的致勝法則，找出各款遊戲的捷徑，兩者組合起來，就能用最快的速度磨練自己，到達八十分的階段。為什麼我總是能用最有效率的方法累積勝利呢？因為一旦失敗，我會馬上反省到底是哪裡出了問題。

不過，想要迅速衝到八十分以上，光靠公式是辦不到的。

《角色扮演遊戲》（Roll Playing Game, RPG）就是一大典型。開始打電玩之後，主角人物的級數會漸漸增高，因為有特定的模式可讓玩家盡快升級。但是打到一定的階級時，角色成長的速度會突然減緩。

不光是《角色扮演遊戲》，其他世界也是差不多。只要懂得遊戲的要領，就能啪啪啪的衝上八十分，但是達到八十五分或九十分就沒那麼輕鬆了。有時候，玩家想衝上九十分，得要付出比八十分多好幾倍的努力才能達成。

真的想要變強的話，本來就該不惜一切努力從八十分拉到八十五分，即使前方道路不見得靠著公式就能開通。

我是在八十分前往八十五分的路程上停頓下來。相較於花三年時間贏得一百分，我更傾向於用最快速度衝到八十分，這樣才符合理論。除了這兩種方案，我沒有中間地帶。

在我的內心裡，應該是這樣盤算的吧。

與其花那麼多資源用在提升五分上面，不如把資源挪去支援其他電玩遊戲，從一衝上八十分，那樣我可以在其他領域的競賽中得到更多勝利，得到更多快樂。

我之所以同時投入多種格遊比賽，真正的理由就在這裡。

我以為這是相當合理的做法。在有限的資源下，盡可能累積更多的勝利。為了這個目標而訂定的戰略，至今沒有改變。

不過，終究我只達到八十分的等級，其他玩家們的計分也逐漸升高，遲早有一天會超越我，而我必然無法拿到冠軍。

為了勝利，我要追過八十分，成為能夠超越八十分的玩家。

而我也真的找到了那個方向。

與 Infil 對戰

如果說和 Momochi 的對戰，是我成為職業選手後打得最辛苦的戰鬥經驗第一名，第二名就是發生在二〇一二年十二月在舊金山舉辦的「快打旋風二十五週年紀念大會」，當時遇上 Infiltration 選手（簡稱 Infil，韓國選手）。那是一場《快打旋風×鐵拳》的冠軍決賽。

優勝者將可獲得兩萬五千美元加上豐田跑車，獎賞豪華到讓人覺得非贏不可。Infil 這時已得到《快打旋風IV》部門的優勝，拿到兩萬五千美元的獎金，但是人不可能因此滿足的，還有一輛跑車在引誘著大家，因此 Infil 的臉上掛著信心滿滿的表情。

但是，我也確信自己能贏得勝利。

在大賽前的線上對戰中，我曾經碰巧和 Infil 對戰過。當時我故意放水，隱藏我的密招和他對戰，想要探一探他的狀況。到了這次的正賽，在 Infil 和我的第一次對戰中，我毫無猶豫地贏過他。我特地隱藏到最後、專為正式大賽準備的密招，成功地達到了效果。

「就實力來看，Infil很可能會從敗部復活戰中重回擂台。但他應該還是敵不過我吧，畢竟才剛見識過我的密招，哪有人這麼快就能破解！」

我這麼想著，走上決戰的位子。比賽才開始不久，我就嚇破膽了。

「動作完全判若兩人……！」

之前的對戰不過就在一個小時前，他怎麼可能有足夠的時間去想出對抗我的方法……為什麼他的動作能夠變化得那麼快?!

「難道他看了剛才的影片，所以改變了自己的戰技？」「這個動作是他的搭檔『Laugh』教他的嗎?!」「這樣下去不行，被他壓著打了……」「總之要先冷靜下來……」

焦慮的心情讓我操控的動作出現了瑕疵。平常練習到不會出錯的連續技，現在卻使不出來。怎麼會這樣……唉、跑車沒希望了……

決賽終了之後，我對著麥克風卻不知該說什麼才好。職業選手原來就是這種表情啊，這引來日後跟我成為美加獅隊的對手「Mago」⑩的嘲笑。我站在台上無法動彈，承受到慘敗的衝擊。

直到現在，我冷靜下來才懂得分析失敗的原因。

我在決賽之前的那一場勝利讓我放下了戒心。我贏得太漂亮了，認定 Infil 不可能追上來，可是 Infil 並沒有放棄，再一次和我在決賽相遇時，他已經扎扎實實地練好了對付我的戰法。

Infil 在決賽使用的戰技和之前比賽時完全不同。而我卻沒有思考我的戰技一旦被 Infil 擋下的話，我該如何反擊。當時留下的悔恨，筆墨難以形容。

Infil 做了比我更多的準備。

或許我做的事前準備比較多，可是進入大賽後，在對戰前這段小空檔的準備，我敗給他了。

格鬥遊戲中，凡事做足準備、練過各種戰技的才會勝利。

這明明是我一直奉行的哲學……我必須承認我輸了。

---

⑩ 本名林賢亨，原為韓國籍，後來歸化日本籍。

▼對手是「人類」

在那個時期，我還有一個新發現，就是水準與我相同甚至超越我且專心投入電玩競賽的玩家，並非只存在於日本，海外也有這樣的高手。

尤其是《快打旋風×鐵拳》這樣的電玩，我有絕對的自信。我花了比別人更多的練習時間，也比別人做了更深的研究，這我敢打包票。

但我並沒有因此鬆懈下來。在大賽前兩週，我反覆觀看對手的對戰紀錄影片，仔細思考並且練習對策，練到我認為已經不可能有人能打敗我的程度。儘管如此，我還是輸了。即使做了萬全準備，我還是慘敗。

如果繼續在第一線戰鬥，未來遇到和 Infil 同樣等級選手的機會一定也會增加。這顯示海外玩家正快速崛起、還有大賽的環境變化，與海外高手過招的機會也會變多。

舉例來說，邀請賽增加了，如果是一般的錦標賽，無論職業玩家或業餘玩家都能自由加入，只要得到大會的認可，誰都能夠上場。雖說資深選手有可能被列為種子選手，但大門是敞開的，參賽者事前不知道會和誰交手，很難做事前準備，所以常會看到實力相差懸殊的玩家在場上對抗。還有，因為比賽場數變多，導致每一場比賽只要先贏兩回合就算獲勝，也就是傾向短期決戰的狀況。

另一方面，邀請賽是由大會邀請全世界排名最高的二十人參賽，這種比賽就能預測到會碰上哪些對手，賽前準備也更加完善，比賽局數因此變少。假設每五人組成一個聯盟，那麼自己需要考慮的對戰對手就只有四人，光是這樣的賽程就會非常激烈。因此，之前必須投入更多時間、更多精力去練習，才有機會獲勝。

至於Infil，他連對戰與對戰之間的空檔也不放過，「為了贏我（Tokido）」，投入專業化的賽前準備……

如此一來，光靠公式就無法戰勝，而必須先理解賽事中會遭遇的「對戰對手」。說明白點，不是去理解格遊中的角色，而是要去理解操控角色的人。除了研究對手的角色，還得花心思去了解對手玩家的特質，偏偏角色後面的操控者是我以前從來不感興趣的事。

我眼前的視野突然間改變了。

考試和電玩終究還是不一樣。光靠處理數據知識的能力，是贏不了人類的。

格鬥遊戲是人與人之間的競賽。當對戰的層級愈來愈高，用公式來解決問題的方法就會失效，變得更為複雜、更難預測。這是個機械所無法得勝的世界。

想贏，就要遠離最強的角色

戰法必須有所改變。做出決定之後，我隱約見到了前進的方向，就算不知道具體改變的方法，我也嘗試著推動自己。

一開始，我先去觀看「優秀比賽」的影片，試著模仿他們的做法，但是對提升勝率沒有什麼幫助，反倒是喪失了我原有的勝利模式，導致勝率降低。於是我直接去找「參與了優秀比賽的人」，向他們詢問意見。

事實上，我在敗給 Momochi 之後就曾親自拜訪他，試圖想問出一些端倪。我跑去找剛剛擊敗我的對手，請求他「再對打一次吧」。Momochi 很快地答應了。他的年紀和我一樣，是個資歷深厚的強者。真要比較的話，我參賽累積的場次較多，大賽的對戰成績也是我比較高，假使單純去計算大會的直接對戰結果，我比 Momochi 更強。

可是，那一場慘敗給 Momochi 的對戰，讓我想起了一個童話故事。

沒錯，就是〈龜兔賽跑〉。我像是兔子，Momochi 則是那隻烏龜。其實以前也發生過龜兔賽跑的狀況，就是我的成績突然敗給了麻布的同學，我淪落為重考生，照理我已經反省過自己的失誤，但這次又重蹈覆轍。

練習過後，Momochi 對我說了一些話。

我無法將他所教的全部轉變成文字給大家看，但我終於明白，他的強大並非源自細膩的對戰技巧。

以前的 Momochi 會挑選強大的角色和引人注目的角色來玩，留下不錯的戰績。這點和我是共通的，可是還是覺得自己「有哪裡不足」。

他說，使用強大的角色而獲勝，這樣很無趣。我明明還會很多招式，但是強大的角色就是無法表現。

我想，或許這就是徵兆。以職棒的野村總教練為例，他最廣為人知的就是把一支軟弱隊伍重生為強隊的獨特手腕。

假如他每天都是在領導常勝球團巨人隊，他的魅力可能無法完全發揮出來。只有置身在弱小的球隊中，野村總教練才有機會施展他的智慧和經驗。打擊力不足的話就用跑壘來彌補；投不出快速球，就改以控球分勝負。

以巨人隊來說，他們從不需要考慮這些事，所以野村總教練總是喜歡選擇弱小隊伍。

格遊世界也是如此。遊戲中有強大的角色，但有些玩家偏要挑選其他的角色，因為他們意識到強大角色源自於程式設定，而一般的角色則靠玩家的實力去改造。

力量並非一切，只有遭遇逆風的人才懂得嘗試錯誤。Momochi說不定就是看穿了這一點。

的確，他操控的角色「肯」就不是特別強大，卻因此得到了許多磨練；肯必須持續擋住對手角色發動的猛烈突擊，又要隨時尋找機會，是個明知逐漸受創卻非常需要忍耐力的角色。想靠著這樣的角色邁向勝利之路，唯一的手段就是透過大量的勞力去彌補。而我，就是輸在這裡。

Momochi為了讓自己更強大，甚至不惜捨棄自己長久累積下來的各種戰法。

專注於勝利是很重要的，這一點不可以鬆懈。可是只盯著勝利，反而距離勝利更遠。

比任何人都想獲勝的我從沒聽過這麼沉重又響亮的話。我的想法的確太淺薄，一心只想著追求勝利，遲早會掉進死胡同，無法繼續。

冒出「梅原不是人」想法的瞬間

我也親自去向梅原請益。

二〇一三年底，瑞典舉辦了名為「夢想駭客」（DreamHack）的大賽。我、梅原、Mago 三人代表美加獅電競對參加。在長達三十小時的飛行時間裡，我詢問過梅原：「之前我輸給 Momochi 選手，到底是怎麼回事？」

梅原說出了很嚴苛的話：「Tokido 擅長『起身突擊』的戰法，對吧？而我對戰時一定會決定一個主軸，然後拿角色來配合主軸；擁有許多主軸是很重要的。可是你的情況是，不管面對什麼樣的角色，你一概用『擊倒之後持續打擊』的方式，這種戰法太不精準了。」

梅原早已經看穿我。他從以前就思考過我的對戰模式吧，只是他沉默寡言，不會把自己觀察到的事物隨便說出口。

他三緘其口的原因是：說了我也聽不懂。直到有一天，突然由我主動開口問他，才終於告訴我真相，簡直就像個神仙。

「夢想駭客」大賽結束後，我們返回日本。看到當時一直難以提升致勝率而苦惱的我，梅原主動跟我約時間，他說為了準備下一場比賽，希望我這陣子能當他的練習對手。那是一場對他而言意義非常重大的比賽，必須全力以赴。

我滿心歡喜答應後，在接下來幾天，我和梅原不斷重複練習十勝制的對戰。這段期間我所學到的知識和技巧，對我的風格造成巨大的影響。

由於我們是同一個贊助商隊旗下的隊友，平時我幾乎不可能有機會和他進行十勝制的對戰，而如今有這樣的好機會，我懷抱著「一定要擊敗他」的勇氣與他對戰。

然而，結果卻讓我愈來愈沮喪。

我根本贏不了他。不管對戰多少次，都是以「十比四」的成績敗在他手下。

我明明已經對梅原做好了萬全的對戰準備啊。我回頭看看對戰時的影片，思考自己哪裡出錯、該如何調整策略……一面反省著，我又走向下一場比賽。

照常理說，我的準備方式能夠改善我的勝負比率。可是不知為什麼，在和梅原對練時，我的戰績愈來愈糟，甚至出現「十比二」的成績。

我使用強大的「豪鬼」，梅原生則用「隆」這個角色。明顯是我占優勢才對，但他手下的隆卻強得不得了。簡單來說，就是「我輸慘了」。

等等，為什麼他會這麼強？為什麼兩人的差異這麼大？

難不成他不是人類？

三星高級餐廳與微波爐

這個「不是人類」的想法源自於我每天和他對練，他不斷地變強。我冷靜下來仔細思考，想到一個讓我更沮喪的理由。

梅原在對練中持續擊敗我，可見他應該是保有更好的戰法，專門用來對付「Tokido」。相較於敗陣的我，他擁有很多資源可以運用。可是，從前幾次的對練經驗看來，又覺得說不通。面對慘敗在他手下的對手，為什麼他要拿出那麼多招式來對付我？只要重複上次擊敗我的手法不就行了，那樣就足以打敗我了。

但梅原從不因為壓倒性的勝利而有所輕忽，而是持續去摸索讓自己更強大的方法。我拿出所有本事和梅原對戰，終於看出他強大的祕密，而這個發現讓我感到很羞愧。

對格遊的粉絲來說，梅原很厲害是眾所周知的事實，但真正了解他強大的人卻非常少。我就是這樣的人。沒有直接和他過招，就有太多東西難以理解。在我慘敗之後的翌日，他又拿出更厲害的招術。這麼異常、令人畏懼，你能體會嗎？

人們最常評論梅原的事，大致就是「沒人能想到他會施展什麼招式」、「光是看就很開心。梅原的比賽即使輸了，也很有趣」，這些都說得沒錯。

對戰時，梅原偶爾會使出一些「換做是我絕對不會做」的招式，然而那正是勝負的關鍵。平日擅長資訊處理與合理化、效率化的我，會捨棄一些「這個沒用、那個沒用」的動作和數量龐大的可變換動作，只不過這些對我而言的無用之物，梅原卻常常在其中挖掘到鑽石。

從年輕時期到受注目的時期，這段漫長的歲月裡沒人注意過他。他研究自己的風格，不停地磨練。這樣持續琢磨之後，銳利度當然大不相同。

到底他花了多少時間在電玩遊戲呢？光是想像就覺得可怕。

有人曾打過這樣的比方，他說梅原就像「三星餐廳」，我則像「微波爐」。假設面前放了紅蘿蔔、馬鈴薯、洋蔥等材料，任誰都會立即聯想到「可以做咖哩」。

一如預料，出現咖哩這答案。因為已經猜到了，所以就算有多麼美味的咖哩，也不會讓人感到驚訝。但我這個高性能微波爐會在極短時間內做出咖哩，因為速度太快，引來驚訝的反應。

相對地，雖然梅原見到這些就決定了咖哩套餐，但大家心裡會產生一種「他會做出什麼菜給大家吃呢」的期待。而事實上，他的確會端出一道讓人無法聯想到咖哩的新穎料理。當然，非常美味。

這就是Tokido餐廳和梅原餐廳的差別，光是看排隊的人潮就見真章。就這樣，我和梅原的差距在無法縮短的情況下結束了練習。

進化的誓言

不過，對戰練習結束後，我的心中並沒有留下絕望。

世上就是有這麼具有壓倒性的人物。對於無法如願得勝的我，「同樣都是人，但是有人能夠那麼強」的這個事實，反而讓我看見一線曙光。

從這裡到那裡距離多少光年啊？我腦海中冒出這樣的疑問，也同時萌發了新的感覺。

那就試試看啊。

我開始追尋新目標。丟掉過去既定的模式，完全拋棄。

以前被我從「公式」中摒除的技法全都被我找回來；以前嫌棄危險性太高的技法，現在也拿來連續使用。不管邏輯，也不管是否高明，一心投入鑽研，尋找新的模式，就像重新接觸電玩一樣。

我有了一個個的小小發現。在我逐漸累積練習經驗後，慢慢地，我知道了Momochi和梅原能夠如此強大的一絲線索。

過去的我大概是「太拘泥於勝利」了，因為太想要獲勝，才會挑選那些直接通往勝利的路徑，專門練習這類招式。可是，有些和勝利沒有直接連結的招式其實藏著變強的理由，而這是我學到的新觀念。

例如動用波動拳的行為。角色要往前直飛，危險性相當大。不過就算對手能夠擋下波動拳的攻擊，還是會有些許受損，我方的儲血槽（儲存量多，就可使用強力技法）會多一些進帳，同時，對手會被逼到畫面的邊緣。

反過來看，過去我覺得波動拳的獲益太少、風險太大，所以總是盡量避免去使用它。

但波動拳要向前直飛，對手可能會遭到重創，要是一個誤判、被對方閃過，自己將會受到不小的損傷。不過長時間對戰下來，卻可以逼退對手。我這才發現，波動拳是很重要的招式。

這時，我感覺到一扇新的門敞開了。我的努力漸漸結出了果實。

在二〇一四年二月的大賽，說來有些不好意思，但我已經改用「大範圍的格鬥模式」。和過去一樣，我也在追求勝利，只是比賽的過程和過去不同了。

我不想等待對手的失誤而動作，而是主動積極地引誘對手出招，等他上鉤就進入對戰。這種對戰方式因為能夠清楚看出對手玩家的想法，在對戰中多了感情，就會覺得有趣多了。

另外，豪鬼有個超級連續技「天衝海轢刃」，過去總是被我拋棄不用。這個技法一旦成功，威力會非常強大，但是操作難度很高，在實戰中很難操控。就我所知，當時使用豪鬼這個角色的頂級玩家，沒有人曾在實戰中使用這一招。

這是我第一次，能用勝負以外的價值觀來評論自己的戰法。

二〇一四年四月，有一場大賽輪到我和梅原直接對決。當時新版軟體即將上市，所以這場大賽成了使用現行版本《快打旋風IV》的最後機會。在決賽中，我以五比二的比數擊敗了梅原。

我覺得這個比數實在是太好了。對梅原而言，我是個挑戰者，或許就是如此，讓我能夠更集中精神在賽事中。再者，賽會採用十勝制規定，梅原仍有機會逆轉勝，所以我沒料想過能打贏他。

但是真正令我高興的不是雙方的比數，而是比賽內容。我們之間一局又一局的對戰，就像拉鋸戰似的，過程充滿了劇情和故事性，非常有趣。回顧我過去的競技歷程，最有趣味的比賽應該就是這一場了。

咦？過去那個只看勝利、專注於方程式的我，怎麼聊起「內容」了？

沒錯，我已經有所轉變了。在比賽中，我能夠體驗到電玩的趣味，這種感覺已經好久沒有感受過了。

原來電玩是這麼有趣的東西。在專心追求勝利的過程中，我逐漸忘記了那種樂趣。一心追逐著勝利，把所有熱情全都用在「勝利」上頭，導致我忘了如何享受電玩。

所以我才會敗在擁有熱情、懂得尋找樂趣的Momochi和梅原的手下。我相信，他們也懷抱著想要讓別人感覺樂趣的熱情。只有我過去總是在追逐勝利，結果卻讓勝利遠離我。

其實，我早有預感了……沒錯沒錯，當我覺得好玩時都會表現得比較好，不管是念書、打電玩還是做研究。

但是我並沒有為了尋找樂趣而變幼稚。我的爭鬥心一點都沒有縮小；應該說我是為了勝利而前去尋找新的自我。那個「一心想贏」的我，總算轉變成為了得勝而願意向尊敬的對手和夥伴請益的人。

冷靜沉著、專注合理的「Tokido」這位格遊玩家，在脫離了理論之後，內心畏懼「不知道該怎麼辦」。這樣的他能變多強呢……

說到這個，我希望成為玩家們畏懼的對象。

說到這個，我希望能讓更多電玩粉絲期待。

只有看重理論和效率的我，才能夠在專注於理論和效率卻無法取勝的時刻，真正學會一些東西。

我在此面向各位立誓，那位凌駕在熱情和爭鬥心之上的我，此後將「追求自身的樂趣」，而且投入「深具魅力」的比賽，繼續增加我人生中世界第一的優勝次數。

FINAL ROUND
好人得勝的世界是存在的

交流能力的好壞和格遊功力的強弱有很密切的關係。
願意傾聽建議的玩家，技術會進步得很快。
當然，也不是每次都會有新發現，
重點是，不要關閉了吸收資訊的那扇門。
格鬥遊戲界是抱著正確態度的人才能稱王的世界。

歡呼聲中

「Why are you so godlike?!」（你簡直是神乎其技啊！）

現場播報者不斷吶喊，會場也被歡聲雷動環繞著。

二〇一〇年十一月，我去了一趟洛杉磯，參加美國格鬥遊戲賽事「Southern California REGIONALS」。

我從《快打旋風IV》的淘汰賽中脫穎而出，打進決賽。最後，我成功發揮豪鬼的必殺技「瞬獄殺」，拿下比賽的優勝。

在獲勝的那一瞬間，我脫下身上的衣服丟到一邊，跑到播放比賽實況的大銀幕放映機前面，然後突然轉身背對機器，擺出王者的姿勢。我讓自己的影子和銀幕上的豪鬼重疊在一起。

因為勝利的那一刻真的非常痛快，我才會以那樣的方式慶祝，沒想到造成意外的巧合。畫面上原本應該出現在豪鬼背上的紅色「天」字，映照在我的背後。

沒錯，這就是真實的瞬獄殺。我是豪鬼。我是天下第一！就像在炫耀一般，我的演出讓洛杉磯的格遊粉絲們感到十分驚喜。

我想用自己的方式，讓聚集圍觀的粉絲們也能夠感受到那種快樂，所以才會做那樣的演出。「背上的天字」雖然只是個巧合，但是能帶給大家驚喜，實在是太好了。

我從以前就很喜歡用特別的方式讓人們感到開心。

前面提到「拿出武士精神，輸了就下跪」的事件、還有進大學時表演「安田大馬戲團」的搞笑橋段就是這樣。當上職業電競選手之後，我同樣抱著要讓實力變得更強、要讓別人開心的意識在努力著。

但是另一方面，非贏不可的壓力、為了贏而付出的努力，一天比一天更大更多。追求勝利是職業電競選手的義務，但即使是職業選手也不可能每次的比賽都打贏，輸給第一次交手的業餘玩家，這種例子經常發生。但要是因為這樣就一蹶不振，肯定很快就被遺忘，這裡就是這麼可怕的世界。

即使如此，我還是覺得很開心。我對「可以靠打電玩賺錢」這件事抱著感謝的心情，這是讓我開心的泉源。就在四年前，這還只是個像夢一樣的虛幻理想如今已經成真，所以我決定向電玩的世界報恩。

當了職業電競選手之後，有些事情是不能做的，像是比賽輸了卻想耍賴不認帳，這樣很丟臉，所以被嘲笑也怪不得別人。比賽輸了，心裡當然覺得不痛快，但這種情緒表現得太露骨，可能會遭到格遊粉絲們的嘲諷，說你輸不起。所以我想，至少在贏的時候做個表演，從粉絲們那裡得到支持的掌聲。

我能夠以職業電競選手的身分活躍至今，是因為我有贏的理由。

首先，就是來自許多人的支持，這些都是無價的。比方說，和我一起練習的那些頂尖玩家們。他們之中有很多人並不是職業電競選手，而是從事一般工作的社會人士，他們有家庭、有小孩。其中有些人其實也很想專心打格鬥遊戲，可是因為某些原因，不得不從第一線上退下來。

這些人在平常的工作結束後，把寶貴時間分給我，陪我練習。他們對我說過：「我無法實現的夢想，就拜託你了。」就算沒有說出口，我也可以感覺到那種心情。這些夥伴是我能繼續往前衝的能量來源。

我對電玩始終懷抱著無限的熱情，這點不管說多少次都不嫌多。而熱情為我帶來最有價值的回饋，就是支持者，他們能夠理解我投注在電玩遊戲上面的熱情，所以都很樂於助我一臂之力。可以說，他們就是催生職業電競選手「Tokido」

的父母親。

這些人的存在不只是「心靈上的支持」而已，因為不管再怎麼優秀的電玩選手，都不可能光靠自己就能「變強」。格鬥電玩一定要和大家一起切磋技藝、彼此交換資訊、進行實戰、盡可能和愈多的人對戰，只有這樣才是變強的祕訣，而我的夥伴們就是讓我變強的原因。

向對手敞開心房的理由

我再解釋得更詳細一點。

格鬥遊戲給人的印象是，雖然屬於對戰遊戲，但是靠自己一人練功，應該也能闖出一片天。的確，在比賽中能夠倚靠的就只有自己的實力。可是，比賽之前的練習過程該怎麼辦呢？

以我現在來說，星期一是《快打旋風》、星期三是《拳皇》系列，也就是說，我會給不同的電玩遊戲安排不同的練習日，這樣比較容易找到對戰的練習夥伴。我們不是在線上對戰，而是在同一個房間裡以物理方式練習對戰。我們之所以用這種方式練習對戰，是因為這樣可以快速分享情報。

雖然現在也可以上網對戰，不需要特地聚集在同一個房間，可是我曾經把上線練習和在可以看到對手離線環境下的練習做比較，結果發現戰技進步的速度完全不一樣。不用說，離線的環境更為有利，理由是情報共享的速度快多了。因為練習對手就在旁邊，可以和他們進行即時交談，像是「你剛才的動作錯了」或「剛才的反擊很有效」等。我們可以在現場立即交換意見，討論技能的優缺點。我和夥伴就是像這樣互相切磋技術，兩人一起變強。

到了比賽前夕，我們的關係就會轉為競爭對手。照理說這時選手應該會想要留一手吧，但我們還是互相協助，把自己的獨門絕招露出來給對手看，這點或許會讓人覺得不可思議。

的確，我和夥伴們之間的關係既是朋友也是對手。但即使如此，還是會把情報分享給對方，理由是：我們都想要變強。因為我們都很明白「如果想要變更強，就得彼此協助」的道理，所以，我們練習的房間就像是格遊的道場。而且不只是我們而已，日本大部分的格遊玩家之間應該都有這種彼此分享情報的習慣。

可是不知道為什麼，國外的玩家似乎沒有這樣的習慣。至少，美國人好像就沒有；我的意思並不是說和日本人比起來，美國人比較小氣，或是對比賽的得失心比較重。

美國的格遊市場規模比日本大得多，幾乎每星期都有地方在舉辦格遊比賽，而且美國的格遊比賽可以下注，也就是一種「賭博」的娛樂。

通常只有玩家自己和他朋友下注，不過偶爾也會有贊助商或觀眾提供獎金，贏的人就可以領走獎金。下注的總金額多寡不一定，偶爾也會有超過一百萬日圓的獎金。如果每星期都去參加比賽，應該可以賺不少錢。

正因為在美國可以靠這種方式賺錢養家活口，所以就不會公開自己的密技，而是偷偷藏一手，這也是人之常情啦，就和做生意賺錢的道理一樣。因為我自己是職業電競選手，靠著打電玩賺錢，所以我很能理解這樣的心態。為了生活、為了賺錢，在這樣的誘因下，的確也能造就出實力堅強的本事。

可是，真要對戰的話，贏家一定是在我們這邊。

因為一個閉門練功的玩家，理論上是沒辦法贏過我們這些習慣和夥伴們一起競爭、一起提升戰力的玩家。事實上，在美國舉辦的世界規模最大的格遊比賽「EVO」中，拿到優勝的美國選手並不多。

原點就在電玩遊戲中心

不過，我的理想是比做生意更長遠的事情。不只是我，梅原以及對電玩懷抱熱情的玩家們，應該也是麼想。

我認為，我們格遊的玩家就是要不斷練習，用更高強、華麗的技巧吸引更多人的興趣，這樣才能對格遊做出貢獻。只要能吸引更多人，就能增加更多格遊的粉絲。

自己不玩格遊但喜歡觀戰，也就是所謂的「影片控」，近幾年來有增加的趨勢。而且不只是小男生愛看，很多大人也很喜歡看格遊影片，包括女性在內。日本的格遊市場還在持續擴大中，超越美國市場已不再是遙不可及的夢想，我們可不打算一直跟在美國的屁股後面。

我們現在所做的事情，其實和過去沒什麼兩樣。這裡說的「過去」，指的是把電玩中心當成遊樂場的那個時代。就像字面上說的，在那個時期，我幾乎天天泡在電玩中心。從學校放學後就直接往電玩中心跑，一直待到店家打烊、被店員趕出來為止。我在那裡學到了嚴厲的人際關係，也得到許多人的忠告。

除了玩樂，電玩中心也是我們這些玩家分享情報的地方。

但是現在，電玩中心面臨經營困境。以前我常去的幾家電玩店，有幾家已經關門大吉了。因為家庭電視遊樂器的普及，以往必須專程跑去電玩中心打電玩的理由已經不存在。

還有就是網路愈來愈發達，待在家裡就可以和來自世界各地、不知道對方身分的人打對戰，不愁找不到對手。以TOPANGA事務所的練習場來說，裡面的設備完全不輸給電玩中心，那是一個隨時可以對戰的環境。

可是，看到電玩中心一間一間倒閉，我心裡還是不免感到悲傷。我不希望它們消失，也不認為那是必然的趨勢，因為缺少了和人直接交流的機會，就不會有新的眼界。不和別人交流，只顧著閉門練功，就算實力變強了，也很快就會遇到瓶頸。老實說，我就是因為喜歡去電玩中心，才能夠變成像現在這麼強。

所以即使是現在，只要我去地區電玩中心玩，就會積極地聯絡當地玩家，和他們進行交流。我希望在未來，電玩中心仍然是一個能夠分享情報的地方。

用電玩超越國界藩籬

和世界上的格遊玩家、格遊粉絲交流，是一件非常愉快的體驗。因為電玩而產生情誼的例子多不勝數。

電玩遊戲的確可以打破國界的藩籬。我第一次出國打電玩時，即使是和陌生的對手交戰，格遊的樂趣還是不變，和我在日本與日本玩家一起對戰時一樣。雖然語言不通無法交談，但只要開始打電玩，就能了解對方在想什麼。簡單的說，就是靠著打電玩和對手交談。

只要一開始對戰，不管對手是哪個國籍、說哪種語言，都能了解對方心裡在想什麼，這點和運動應該是一樣的道理。這個人有這個慣性動作，接下來可能會出這招，所以我應該用這招對付他。啊，對方好像也猜到我的心思了。好，那我改用這招反擊……

儘管有語言和文化上的差異，不過心意是相通的，這也是我從格遊世界裡學到的。

受到格遊魅力吸引的玩家之間有一種非常堅固的凝聚力，可是儘管電玩界發展得相當快速，職業電競選手不管在哪個國家似乎仍被視為「上不了檯面」的一群。和其他的娛樂嗜好比起來，感覺上總是矮了一截。

也因為這樣，玩家之間的夥伴意識變得很強烈，就像少數族群之間的羈絆那樣密切。你很努力，我們一起打拚吧，就是這種感覺。不管我去哪個國家比賽，都可以感受到那種友善的磁場。並不是因為我是職業電競選手、很會打電玩，而是因為「喜歡電玩」這個共通點把我們連結在一起，互相支持打氣。

我們的夥伴並不只限於電玩玩家而已。隨著到世界各地征戰，我和每個國家的格遊社團交流也愈來愈廣，無論去哪裡都會遇到熱情粉絲的歡迎。比方說，在格遊直播剛初期，我在澳洲有了很開心的邂逅。

當時有一個由三兄弟經營的澳洲電玩遊戲社群邀請我去。三兄弟的年齡與我相仿，最年長的大哥年約三十歲。三兄弟待人非常友善，而且彼此分工合作，大哥負責接待玩家，老二負責直播設備和製作海報，老三是實力堅強的玩家。

和我接觸機會最多的是大哥，他很會照顧人，還把車子借給我當交通工具。因為沒辦法招待我去住飯店，只好帶我去他們家住，還說「抱歉，我們沒有那麼多錢」。聽說他們為了籌備舉辦比賽的資金，把心愛的健身器材賣掉了。

那是一場小型比賽，地點是在一間租來的會議室，裡面大概可以容納一百人。規模雖小，但是我很喜歡會場那種自己動手布置的氣氛。

前去參加的格遊玩家和粉絲們也說，三兄弟人很好，所以想助他們一臂之力，感覺就是這麼溫暖。參加比賽的選手之間距離很近，這在其他比賽中是很難得見到的，我覺得非常吸引人。

住在墨爾本的三兄弟，直到現在依然每年都會舉辦比賽。

就在我寫這本書的時候，來自台灣的 Gamerbee[11] 正好來我家住。Gamerbee 在台灣可說是組織格遊電玩社團的前輩，日語很流利。他說，當初是因為想要看懂格遊玩家們都在看的大型機台情報誌《GAMEST》，所以很努力學日語。日語變流利的他曾在飯店工作……現在則和我一樣，都是職業電競選手。

他來日本時，我會讓他住在我家，幫他準備飯菜。反過來，日本的選手去台灣時，Gamerbee 也會招待我們。

常看到英語補習班的廣告上打著「只要學會英語，就能和好幾億人溝通」的標語，按照我的實際經驗，打電玩其實也有同樣的效果。因為這個產業正處於蓬勃發展中，我才有機會和其他國家的電玩選手或相關人員站在第一線彼此合作。我能在二十幾歲就享有這樣寶貴的體驗，都是拜電玩所賜。

為了電玩學英文

隨著和外國玩家接觸的次數愈來愈頻繁，交流的機會也跟著變多，心裡就會產生一種「想要和這些人多聊一些」的欲望，這是很自然的。

的確，電玩並不需要靠語言就能把人們聯繫在一起。但若能溝通的話，就能發揮如虎添翼的效果，幫助彼此更了解對方。

基於這個原因，我開始學習英語。當然，我是一面打電玩一面學英語，把自己學到的英語實際運用在遊戲中。例如，我到國外參加比賽時，會積極找其他國家的選手交談。聽到不懂的字句時就查字典或問對方，所以我隨時都會把字典帶在身邊。

---

⑪ Gamerbee 本名向玉麟，是台灣職業格鬥遊戲選手，曾多次在國際格遊大賽中獲得優異成績。

第一次到外國的時候，因為完全不懂對方在說什麼，只好一再地說「請再說一次好嗎」、「不好意思，請再說一次」，讓對方感到很困擾。但是，學習語言就是要這樣，在當地實際開口練習就會進步很快，這是我的結論。所以，只要去參加國內外選手聚集的會場，我一定會積極把握機會、開口說英語。

在日本，我結交了幾個英語流利的朋友，經常參加有外國人的聚會。我的個性就是這樣，一旦投入就會卯足勁去做。我告訴自己，只要學會英語，就能和國外的友人天南地北盡情地聊天了。

我的努力果然收到了成果，現在不管去哪個國家，基本的溝通已經沒有問題。有時候愈說愈順，還會說些玩笑話呢。我也會在推特上面用英語發文，或用英語和國外的粉絲們聊天。

我覺得自己的改變好大啊。大學時我的英文很菜，每次上英文課，心裡就一陣納悶「為什麼能開口說英文，大家就變得這麼興奮」，然後把腦門關了起來。現在的我卻覺得學英文是件非常開心的事。透過格遊，我邂逅了許多緣分，見識也變得更寬廣、更深入。加上我學會英文之後，能夠更快速地掌握到最新訊息，幫助我在打電玩時有更好的表現。因為，我真的很想要變強。

只有「好人」才會變強

就像前面說的，交流能力的好壞和格遊功力的強弱有很密切的關係。溝通能力好的玩家，功力就會變強。

這麼說好了，願意傾聽建議的玩家，他的技術會進步得很快，哪怕提供建議者只是業餘玩家，他的建議也會對我有所幫助。職業電競選手在練習時間和資訊量方面絕對不輸人，但不管怎麼說，能在實戰中獲勝的才是贏家。沒有人能預料實戰中會發生什麼情況，就連經驗豐富的老手也無法完全掌握，這是絕對不可忘記的事實。

我曾經在對戰之後和對戰對手有過這樣的對談：「要是在這樣的距離內被踢到，真的會很慘。」會是怎麼個慘法呢？我心想。

「那就跳起來回擊啊。」我這麼回答。

結果對方說：「但要是對方猜到我會跳起來，豈不等著被『痛宰』？以前我曾用這個技術反擊。巴啦巴啦……」

喔，原來如此。

在一來一往的對談中，我內心會突然靈光一閃：「我懂了，對手在這個時候遇到這種情況，心裡就會產生動搖。」或是：「原來他會在那種情況使出那樣的反擊招數。」即使對手的級數比我低，我也會仔細聆聽，因為裡面隱藏著許多抱著居高臨下的心態就無法發現的玄機，就算不是「大豐收」，也不能關起耳朵，這樣有可能會是自己的損失。

當然，也不是每次都會有新發現，重點是，不要關閉了吸收資訊的那扇門。只要能做到這點，實力就會有無限增強的可能。

話說回來，要敞開心胸接納別人的建議也不是件容易的事。不想聽的時候直接把門關上就好，而且這麼做通常可以省去很多麻煩。怎麼說呢？因為新資訊有時候會否定自己過去所累積的經驗。還有，一般人聽到級數比自己低的人提出的看法，難免會有「技術比我差，還敢在我面前說大話」的情緒。

只是，那個技術比自己差的人特地提出了看法，要是給他吃閉門羹，下次他就再也不會找你說話了。更要不得的是，萬一他感覺到你對他抱著「你算哪根蔥」的態度，保證絕對不會再提供你任何新情報。

人就是這樣，隨著年齡增長、經驗累積，漸漸地會被自己的成功經驗束縛住而拒絕接受新資訊。只要是人，應該都曾遇過這樣的問題吧。但是不繼續吸收新資訊，人就會停止成長。一旦停止成長，就會變成「食古不化」的老古板，眼前的地位也會被野心勃勃的年輕人取代，然後從這個產業消失。說好聽一點，就像一匹孤狼。但是在我看來，孤狼是無法獲得勝利的。

實力再高強的孤狼，終究會輸給懂得分享資訊習慣的玩家。只要這些玩家聯合起來，獨立作戰的孤狼就沒有贏面。就像漫畫裡出現「所向無敵、高傲的孤狼」的那種人物，在格遊界裡是很難生存的，勉強當個山寨大王就算不錯了。

說得更直接了當一點，不懂得生活的禮貌、沒有人緣、被朋友晾在一邊的孤狼，無法在格遊世界裡當贏家。因為沒有人指點你該如何去贏，甚至沒有人想要和你對戰，如此一來就失去練習對戰的機會。所以說，修養差的一流選手在格遊界裡很難混下去，就算偶然竄紅，也無法維持長久。

真正高強的玩家，每一個都是「好人」。格鬥遊戲界是抱著正確態度的人才能稱王的世界。

初期的熱情仍在這裡

尋找一起守護產業的戰友，並不是遙不可及的夢想。

二〇一〇年，梅原宣示成為職業電競選手之後，有幾個人也站出來響應，表態要「靠格遊賺錢維生」、「要讓格遊的世界發揚光大」。有些人像我一樣，選擇當一名職業電競選手，有些則是投入影片播放的商機。

TOPANGA事務所是一家專門替職業電競選手安排比賽、舉辦格遊活動的公司，創辦者是豐田風佑。我是一九八五年出生，豐田先生則是一九八四年出生，而我隸屬於這家公司。可是在二〇一〇年一月之前，我和豐田先生完全不認識。

他在格遊界的資歷比較淺，不過他和梅原先生是有十年交情的老朋友。《快打旋風IV》是他第一次接觸的格鬥遊戲，他的技術以犀利著稱，很快就以「喵師」的名字在格遊界闖出名號。據說他看到格遊在世界各地蓬勃發展的盛況，讓他萌生出「在日本建立職業電競選手」這個職業的念頭。

他的理念引起了我的共鳴，所以我決定加入TOPANGA。其實，我本來就對成立職業電競選手的行業、發展這個行業的相關事物很感興趣，能在豐田先生旗下打電玩，對我來說意義非常重大，甚至可以說，因為有豐田先生，我才能專心實現只有現在的我才能完成的夢想。因為身為職業電競選手，要做的事情非常多，要不是有豐田先生，我很難全心全意練習電玩。

說到這裡，有一件事讓我感到很不可思議，就是有很多同好在同樣的時間點做出同樣的決定，像是彼此早就約定好了一樣。

原本散布在日本各地、各有煩惱和想法的英雄好漢，為了「要讓格遊界發揚光大」這個夢想，集結在同一個地方。

幕末的英雄志士不也是這樣嗎？我這麼說是否會讓人覺得我太過自抬身價？但事實上真的就是這樣，日本各地有夢想的年輕人突然湧現並集結起來，朝著共同的志向團結合作。

「影片直播的環境已經準備妥當」，接下來就等著掀起風潮了。

現在的格遊粉絲可以透過網路付費觀看對戰過程，不再需要像以前那樣，想要看對戰還得跑去電玩中心。更別說熱鬧滾滾的電玩中心都是在東京，能夠花得起大筆金錢和時間特地跑去東京看對戰的人，並沒有想像中那麼多。可是看看現在，觀眾待在自己家裡就能收看想看的比賽，有些比賽還得付費才能看到。

這樣的轉變讓格遊市場愈來愈壯大，因為格遊本來就是個非常適合網路的行業。以現在來說，透過網路收看棒球、足球比賽的觀眾還不算多，但網路是觀賞格遊的主要平台，而且支持者絕大部分是已經非常習慣網路的年輕世代。透過這本書，我重新反省過去的自己，對照之下，我發現格遊的發展其實和網路發展是並行的。

話雖如此，在我成為職業電競選手的那時候，這個園地還是一片荒蕪，感覺上，好像只有梅原孤獨站在這片荒地上。

靠格遊賺錢維生是怎麼回事？該怎麼做才能在這個產業站穩腳步？憑自己的力量能做到什麼樣的程度？當時能給我答案的人一個都沒有。

我只有滿腔的熱情，其他可以掌握的條件一個也沒有。不，應該說我的熱情就是我最大的本錢。不只是我，這個園地裡的每個人心中都孕育著無限的熱情，大家聚在一起產生共鳴，引發巨大的漩渦。現在這個漩渦還在前進、擴大，把更多的人捲進來。

熱情凌駕於理論之上

如同本書所描述的，我曾經是個失去熱情的人。為了再一次擁抱熱情、取得生存希望，我選擇了職業電競選手這條路。

假使沒有熱情，不可能每天練習超過八小時。光是追求個人變強，就不可能捨棄我過去所累積的模式。只有熱情才能推動自己，甚至推動他人。

但是光靠一個人，想把熱情的火焰延續下去是很困難的。至少，從過去的經驗中，我知道自己不是那種強者。

大學四年級時，如果沒有遇見研究室的博士後研究員S先生，我不可能忘卻電玩、一心投入研究。在格遊大賽中能夠認真對戰，也要歸功於同學MOV，要是沒有他，我恐怕不會體驗到贏得大賽冠軍的滋味，也不會萌生「我要打贏任何對手」的努力意志。

我是無法靠自己燃起火焰的。

不過，在格鬥遊戲世界裡，有很多同樣抱著熱情的夥伴們。我們會為彼此點火，互相激勵競爭。這股熱情之火能夠協助格鬥遊戲界日益擴大，讓我們的熱情更加旺盛。

出了社會後，人們會建立家庭，還擔負許多責任，有些人會因此放棄自己的興趣，我想這些人有可能正在後悔吧。我的運氣不錯，可以把喜歡的電玩當職業，但我不覺得每個人都應該走上相同的路。人在放棄某件事情的同時，也會做出新的選擇。對他們來說，只要在選擇的方案上投入熱情和努力，這才是正確的。

每一種人生，都暗藏著美妙的可能性。

只是，有些想要懷抱熱情生存的人不見得能夠如願，也有些人想著「我想要誠實地、照自己的喜好去選擇生存方式」，而為此煩惱。

當我在公務員和職業電競選手之間徬徨的時候，有些朋友給我「像一般人那樣就業吧」的建議。他們見到現在的我，改口說：「太好了！」「你做的是正確的選擇啊。」

這些人現在過著什麼樣的日子呢？並不是每個都在公司裡做著燃燒自我的工作，有些人還用羨慕的眼光看著從事喜愛工作的我。

我完全不打算勸他們去尋找真正喜歡的工作，也不說不要躊躇於轉業這類的話，我壓根就不想假裝偉大、給他人建議。別人不見得需要捨棄過去的人生價值，只要過得去，我倒覺得直直走就好。

但是、但是，凡事都有但是。我覺得，人也不必裝出沒有熱情的模樣，不必假裝沒有自我喜好的模樣，畢竟人生只有一次，要是十年後感到後悔「當時如果我……」，那就太遲了。

我完全捨棄自己擅長的理論，然後把人生賭在眼睛看不見的熱情，只為了一個原因。

熱情凌駕理論之上。

我想，不論是電玩還是人生，如果拋開理論而以熱情去拚，會意外發現事情順利多了。

如果可以，親自嘗試看看也好。無法在自己心中找到熱情火種的人，不妨到有熱情的人身邊觀察。當你想要找到自己特有的熱情時，最短的路徑就是去找已經發現自我熱情的人。那樣的人並不難找，因為一眼就能看出他們正燃燒著。

他們一定會點燃你的熱情，並且告訴你什麼是充滿熱情的人生。向他們學習，然後離開他們，這時你會感覺到只有你內心才有的熱情。說不定火種還很小，但是可以看得很清楚。

對我而言，那就是身為職業電競選手要對格遊界發揮貢獻。只要我還在電玩世界裡，我的熱情之火就不會消滅。能夠抱著這樣的信念是何等的幸福啊。過去一度失去火種的我，會一直帶著感謝的汽油讓熱情愈燒愈旺。

結語

正在寫這本書的時候，我的母校麻布學園邀請我參加文化祭博覽會的座談。說簡單點，就是聊一聊「職業電競選手是什麼」的主題。對我而言，母校的邀約算是非常不得了的機會。

我學生時代的功課只能算普普通通，大部分的時間都在打電玩。那時單純是因為自己喜歡，才會一直玩個不停。當時我心想：「這是因為我喜歡玩才會一直玩，沒必要刻意推銷打電玩的樂趣吧！」

所以，當年有很多愛玩格鬥電玩的同學，其中不乏高手玩家。但是，儘管大家玩得很開心，卻沒辦法把這股熱力傳達給學弟。直到如今我成為職業選手，在格鬥遊戲裡和其他電玩高手對戰，我才發覺，這種打電玩的樂趣必須傳達給大家了解，這是很重要的任務。

從當年到現在，愈來愈多年輕人迷上電玩世界，甚至發展成文化祭裡的一個項目，趁這個機會舉辦表演賽，藉此發揚電玩的魅力。電玩竟然發展到這個地步，讓我難掩驚訝。

聽那些負責營運電玩展示攤位的學弟們說：「拜認真看待電玩的職業選手所賜，學校才會許可我們舉辦這樣的活動。」原本我是個沒辦法給自己點火、燃燒熱情的人，現在我卻能為年輕人點燃熱情的火種，我真的覺得非常開心。

這時，我發現一件重要的事。

我的恩師S先生也常常跟我提起，說他也有個恩師非常照顧他。

對喔，原來S先生的熱情之火也是他的恩師幫他點燃的……

腦海中突然靈光一閃，那個熱情的火焰就像聖火傳遞一般，能夠超越世代、超越領域，在人們心中散播開來，這樣形容應該很恰當吧……

相較於我的學生時代，現在社會對於電玩的認知程度已經略有提升。至於電玩展示的推動，則和每個人的積極性有直接關聯。

現在流行起社群電玩遊戲，許多年輕人都相當迷戀。在「經驗豐富的成年人比較強」的格鬥電玩界，有著年輕人難以出頭的問題。但是，競技色彩強烈的遊戲擁有特殊的魅力，而且確實有一群滿懷熱情的年輕人想把格遊的魅力傳播到世這個世界。

和他們的相遇，讓身為職業選手的我產生了勇氣。我打從心底感謝這群擁抱熱情的年輕人。

當我寫書時，大賽的時間正一步步逼近，尤其這個季節，世界最大的格鬥遊戲慶典 Evolution 即將舉辦，我當然也熱烈投入練習。

ＥＶＯ會舉辦好幾個不同種類的電玩競技，其中最引人注目的是參加者超越歷年紀錄的《超級快打旋風IV》，這是更新程式版本的《快打旋風》，世界各地的玩家都在努力練習攻略法。充滿鬥志的玩家將會齊聚一堂，在這個世界最大的格鬥電玩舞台上，用各自的攻略法對抗。真是教人迫不及待啊。

本書出版時，大賽結果應該已經出來了。[12] 如果你看了本書之後開始對格遊感興趣，那麼未來的ＥＶＯ將是你嶄露頭角的機會。

---

⑫ 本書日文版出版於二〇一四年七月，Tokido 在該年ＥＶＯ獲得亞軍。

在EVO結束之後，八月還有「Shadowloo Showdown V」[13]、十二月則有「Capcom Cup Finals」等大賽，都是不可不看的經典大賽。

希望大家都能接觸到場上勇者們的熱情。

透過電玩遊戲，能夠傳達喜悅、悔恨、認真決鬥的心情給粉絲們，而且這是過去的粉絲從未體會過的強度，我會發揮我所有的能力。

回頭再讀一遍這本書，我的心裡充滿了無限的感慨。

在這裡，我要誠摯感謝所有協助過我的人，用來代替結語。

---

⑬ Shadowloo Showdown 是澳洲最大的格鬥遊戲大賽。

Beyond 011

只有勝利，才是我的存在意義！

東大畢業世界電競冠軍 Tokido 從電玩學會的人生成功之道

作者／ Tokido
譯／許嘉祥

責任編輯／陳懿文
校對協力／金文蕙
封面設計／萬勝安
內頁設計編排／中原造像・黃齡儀
行銷企劃／盧珮如
出版一部總編輯暨總監／王明雪

發行人／王榮文
出版發行／遠流出版事業股份有限公司
地址／臺北市 100 南昌路 2 段 81 號 6 樓
電話／ (02)2392-6899　傳真／ (02)2392-6658　郵撥／ 0189456-1
著作權顧問／蕭雄淋律師
2018 年 5 月 1 日　初版一刷

定價／新台幣 300 元

ISBN 978-957-32-8275-4
YLib.com 遠流博識網 http://www.ylib.com　E-mail:ylib@ylib.com
遠流粉絲團 https://www.facebook.com/ylibfans

國家圖書館出版品預行編目 (CIP) 資料

只有勝利，才是我的存在意義！：東大畢業世界電競冠軍 Tokido 從電玩學會的人生成功之道 / Tokido 著 ; 許嘉祥譯 . -- 初版 . -- 臺北市 : 遠流 , 2018.05

面； 公分

ISBN 978-957-32-8275-4(平裝)

1. 自我實現 2. 成功法

177.2 107005621